本书获暨南大学"华侨华人研究"
优势学科创新平台资助

教育部人文社会科学重点研究基地
Key Research Institute of Humanities and Social Sciences at Universities

暨南大学华侨华人研究院
Academy of Overseas Chinese Studies in Jinan University

国家出版基金项目
NATIONAL PUBLICATION FOUNDATION

· 世界华侨华人研究文库 ·

海外华侨华人与中国的公共外交

政策机制、实证分析、全球比较

刘 宏 编著

暨南大學出版社
JINAN UNIVERSITY PRESS

中国·广州

图书在版编目（CIP）数据

海外华侨华人与中国的公共外交：政策机制、实证分析、全球比较/刘宏编著.—广州：暨南大学出版社，2015.4
（世界华侨华人研究文库）
ISBN 978 - 7 - 5668 - 1373 - 2

Ⅰ.①海… Ⅱ.①刘… Ⅲ.①华侨—研究—世界②华人—研究—世界③外交—研究—中国 Ⅳ.①D634.3②D82

中国版本图书馆 CIP 数据核字（2015）第 054173 号

出版发行：暨南大学出版社

出 版 人：徐义雄
责任编辑：黄圣英 郭海珊
责任校对：何 力

地 址：中国广州暨南大学
电 话：总编室（8620）85221601
营销部（8620）85225284 85228291 85228292（邮购）
传 真：（8620）85221583（办公室） 85223774（营销部）
邮 编：510630
网 址：http：//www.jnupress.com http：//press.jnu.edu.cn

排 版：广州市天河星辰文化发展部照排中心
印 刷：深圳市新联美术印刷有限公司

开 本：787mm×1092mm 1/16
印 张：9.25
字 数：181 千
版 次：2015 年 4 月第 1 版
印 次：2015 年 4 月第 1 次

定 价：28.00 元

总　序

在 20 世纪，华侨华人问题曾经四次引起学术界关注。第一次是 20 世纪初关于南非华工的问题；第二次是"一战"后欧洲华工问题；第三次是五六十年代东南亚国家出现的"排华"问题；第四次则是 80 年代中国经济崛起与海外华侨华人关系的问题。每次华侨华人研究成为研究热点时，都有大量高水平研究著作问世，不胜枚举。

进入 21 世纪以来，随着全球化进程的加速和中国国际化水平的提升，海外华侨华人与中国的发展日益密切，华侨华人研究掀起了新一轮高潮。华侨华人研究机构由过去只有暨南大学、厦门大学、北京大学、华侨大学等少数几家壮大至目前遍布全国的近百所科研院校，研究领域从往昔以华侨史研究为主，拓展至华人政治、华人经济、华商管理、华文教育、华人文学、华文传媒、华人安全、华人宗教、侨乡研究等涉侨各个方面，研究方法也逐渐呈现出多学科交叉的趋势，融入政治学、历史学、社会学、民族学、教育学、新闻与传播学、经济学、管理学、法学等学科方法与视角。与此同时，政府、社会也愈益关注华侨华人研究。国务院侨务办公室近年来不断加大研究经费投入，并先后在上海、武汉、杭州、广州等地设立侨务理论研究基地，凝聚了一大批海内外专家学者，形成了华侨华人研究与政府决策咨询相结合的科学发展机制。而以社会力量与学者智慧相结合的华商研究机构也先后在复旦大学、清华大学等地成立，闯出了一条理论研究与社会实践相结合的华侨华人研究新路径。

作为一所百年侨校，暨南大学在中国华侨华人研究中具有特殊的地位。暨南大学创立于 1906 年，是中国第一所华侨高等学府。华侨华人研究是学校重要的学术传统和特色。早在 1927 年，暨南大学便成立了南洋文化事业部，网罗人才，开展东南亚及华侨华人的研究，出版《南洋研究》等刊物。1981 年，经教育部批准，暨南大学在全国率先成立华侨华人研究的专门学术机构——华侨研究所，由著名学者朱杰勤教授担任所长。1984 年，在国内招收首批华侨史方向博士研究生。1996 年后，华侨华人研究被纳入国家"211 工程"1—3 期重点学科建设行列；2000 年，获批教育部人文社会科学重点研究基地（华侨华人研究）。暨南大学于 2006 年成立了华侨华人研究院，并聘请全国政协常委、国务院侨务办公室原副主任刘泽彭出任院长和基地主任。2011 年，学校再次整合提升华侨华人研究力量，将华侨华人研究院与国际关系学系（东南亚研究所）合并成立国际关系学院/华侨华人研究院，继续聘请刘泽彭同志出任华侨华人研究院院长和基地主任，由华侨华人与国际问题研究知名专家曹云华教授出任国际关系学院院长兼华侨华人研究院执行院长。同时，学校还加大科研经费投入，努力打造"华侨华人研究优势学科创新平台"。研究院在加强自身科研能力的基础上，采取以研究项目、开放性课题为中心，学者带项目、课题进院的工作体制，致力于多学科和国际视野下的前沿研究，立足于为国家的改革开放和现代化建设服务，为社会服务，为政府决策咨询服务，努力将之建设成为世界一流的学术研究机构和人才培养基地。

值华侨华人研究在中华大地百花齐放、百家争鸣之际，为进一步彰显暨南大学科研特色，整合校内外相关研究力量，发掘华侨华人研究新资源，推动华侨华人研究学科的发展，学校推出"世界华侨华人研究文库"。本套丛书的著作多为本校优势学科的前沿研究成果，作者中既有资深教授、学科带头人，也有学界新秀。他们的研究成果从多学科视野探索了国内外华侨华人研究的一些新问题、新趋势，具有较高的学术价值和现实意义。

本套丛书的出版得到暨南大学领导的大力关心与支持。学校从"211 工程"经费中拨专款予以资助。国际关系学院/华侨华人研究院领导与部分教师也付出了艰辛的劳动，他们在策划、选题、组稿、编辑、校对等环节投入大量精力。同时，暨南大学出版社对丛书出版也给予高度重视，组织了最优秀的编辑团队全程跟进，并推荐丛书申报国家级优秀图书。在此，我们对所有为本丛书出版付出宝贵心血与汗水的同人致以最衷心的感谢！

最后，我们期盼本丛书的出版能在华侨华人研究领域激起一点小浪花，引来国内外同行更加深入、广泛的研究，为学界贡献更多高水平的成果！

《世界华侨华人研究文库》编委会
2014 年 10 月

目　录

第一编　宏观分析与历史演变

第二编　东南亚的实证分析

附 录

总　论①

一、研究对象

　　本书的研究对象是海外华侨华人与中国的公共外交。研究的出发点是通常被接受的"公共外交"的定义，但期待通过本书的研究成果能对现有的定义加以修正。据"公共外交"一词最早的使用者埃德蒙·古林（Edmund Gullion）的定义："公共外交旨在处理公众态度对政府外交政策的形成和实施所产生的影响。它包含超越传统外交的国际关系领域：政府对其他国家舆论的开发，一国私人利益集团与另一国的互动，外交使者与国外记者的联络等。公共外交的中心是信息和观点的流通。"一般认为，公共外交与传统的外交相比具有三大特点：①它的行为对象是国外的公众，不是政府，通过影响外国的公众舆论，进而影响外国政府的外交政策；②公共外交的行为主体依然是一国政府，公共外交作为外交形式中的一种，是以国家利益为最终目的，只不过它是通过创造有利的国际环境进而促进国家利益的实现；③公共外交具有明显的公开性特点，其手段是传播、公关和人文交流等。近年来兴起的"新公共外交"（New Public Diplomacy）尤其注重非政府组织、全球媒体以及网络的重要性，强调双向对话，将公众视为意义的共同创造者与信息的共同传递者。②

　　国务院新闻办公室前主任赵启正对公共外交的特征作了如下的概括："公共外交的行为主体包括政府、社会精英和普通公众三个方面，其中，政府是主导，

---

　　① 总论执笔人：刘宏（课题负责人，新加坡南洋理工大学人文与社会科学学院院长、南洋公共管理研究生院院长、教育部长江学者讲座教授、国务院侨务办公室专家咨询委员、国务院侨务办公室侨务理论研究广东基地学术委员会主任）。本课题组成员包括孙皖宁教授（悉尼科技大学中国研究中心中国媒体与中国研究教授）、粟明鲜博士（澳大利亚格里菲斯大学中国项目协调人、昆士兰中国人协会秘书长、中山大学华侨华人研究中心客座研究员）、喻常森副教授（中山大学亚太研究院、国际关系系主任）、曹善玉博士（中山大学华侨华人研究中心讲师）、张学军（中山大学亚太研究院世界史专业博士生）、苗超（中山大学华侨华人研究中心）。

　　② J. Melissen, *The New Public Diplomacy*: *Soft Power in International Relations*, London: Palgrave, 2005; 周蕾：《公共外交：全球化时代的国家战略工具——公共外交研究综述》，《前沿》2008 年第 10 期，第 198 ~ 200 页；韩方明主编：《公共外交概论》，北京：北京大学出版社 2011 年版。

社会精英是中坚，普通公众是基础。它和政府外交组成国家的整体外交。参与公共外交的各方从各种角度表达本国国情，说明国家的政策，以及解释外国对本国的不解之处，同时了解对方的有关观点"①。

二、理论与实践意义

美国政治与社会科学院在《美国政治与社会科学院 2008 年年报——变迁中的世界的公共外交》特刊中指出，公共外交研究是 21 世纪少数几个最新兴起发展的学术领域之一，其重要性随着全球化速度的加快及国际交流频密的程度而日益加强，公共外交对一国提升自身的国际形象、维护本国权益、实现自身愿望具有重要的作用。在国内，中国综合国力的快速增长凸显了公共外交的重要性和紧迫性，近年来有关公共外交的研究受到学术界和政府部门广泛关注。2010 年 3 月创刊的、集学术和政界人士观点于一体的《公共外交季刊》就是一个明显的例子。作为国内第一本公共外交专业性期刊，它引起了各方极大的兴趣。但是，目前，无论在国内还是国外，公共外交的理论研究还是集中在以政府为主导的国家部门和海外的公众，尚未有专著来分析国际移民和侨民——他们是介于国家与海外公众之间的一个独特而重要的群体——与公共外交的理论关系以及实证的事例。

本研究主要有两方面的理论意义：其一，有助于推动国内外有关公共外交的理论研究，将国际移民和族裔的作用同公共外交有机地联系起来；其二，推动华侨华人研究进一步发展，使之同主流学术界建立有效对话，并通过实证和理论分析来影响主流学术界。

在 2009 年召开的驻外使节会议上，我国中央领导人第一次正式提出"要加强公共外交"。在 2010 年通过的《中共中央关于制定国民经济和社会发展第十二个五年规划的建议》的"积极创造有利的外部环境"部分中，中央将公共外交提到了一个新的战略高度，明确指出"加强公共外交，广泛开展民间友好交往，推动人文交流，增进中国人民同各国人民相互了解和友谊"。外交部还将新闻司原有的"公共外交处"升格为"公共外交办公室"，以加强公共外交的部内和部际协调，这就是公共外交实践的一个新发展。

尽管我们在公共外交领域取得了很大成就，但仍存在一些问题。有论者指出，中国的对外宣传战线和外交战线彼此相对独立。宣传战线和外交战线隶属于不同的条线，尽管在最高层由中央政治局协调，但在具体工作中可能限制公共外交

---

① 赵启正：《由民间外交到公共外交》，《外交评论》2009 年第 5 期。

合力的形成。协调好华侨华人同中国公共外交的关系，有助于中国未来的发展。

华侨华人是中国现代化建设和发展的独特机遇。邓小平早在 1993 年就指出：
"中国与世界各国不同，有着自己独特的机遇。比如，我们有几千万爱国同胞在
海外，他们对祖国作出了很多贡献。"这一观点对我们推动公共外交仍然具有鲜
明的指导意义。国务院侨务办公室前副主任许又声于 2010 年 6 月 16 日在杭州举
行的"第 16 届浙江旅外乡贤聚会暨'相聚长三角'海外华侨华人专业协会会长
世博行开幕式"上表示，当时华侨华人已经超过 4 500 万，绝对数量稳居世界第
一。他们虽然大多数已成为出生国或居住国的公民，但仍保留了不同程度的中华
文化情结。国务院侨务办公室主任裘援平在 2014 华侨华人创业发展洽谈会的开
幕式上指出，广大侨胞拥有丰富的智力资源、雄厚的经济实力、广泛的商业人
脉，随着中国日益发展壮大、对外开放程度不断提升，侨胞参与中国现代化建设
的意愿更加强烈。

改革开放之后出国的新华侨华人（新移民）有数百万人，他们多数接受了
良好的教育，是学有所成的专业人士，其中不少人还保留了中国国籍。全国政协
副主席、致公党中央主席万钢在 2009 年 12 月表示，世界上没有一个国家像中国
这么重视侨胞，也没有一个国家的侨胞这么爱国。他在 2010 年 3 月的全国政协
会议上指出，保护海外华侨华人的利益，除了国家间外交的方式以外，许多问题
都可以从公共外交的渠道尝试解决。

这些都从不同角度说明了华侨华人成为中国公共外交中的重要因素的必要性
和可能性，以及展开相关课题研究的实践意义。

三、国内外研究现状的简单回顾

国外（尤其是美国）对公共外交的研究从 20 世纪 60 年代中期开始形成，但
深受冷战大环境的影响，注重宣传等传统的模式。到"9·11"事件之后，西方
对公共外交的研究迅速升温，从理论到实践均有新的突破，这些新的研究成果集
中地反映在《美国政治与社会科学院 2008 年年报——变迁中的世界的公共外交》
特刊中。该刊中的十余篇论文的作者来自世界各地，包括约瑟夫·奈（Joseph
Samuel Nye）等著名学者，对公共外交的理论和实践进行了仔细的梳理，并指出
了未来的研究方向。同年，Nancy Snow 和 Philip M. Taylor 编辑出版了 *Routledge
Handbook of Public Diplomacy*（《罗德里奇公共外交手册》），作为该领域的重要参
考书。J. Melissen 在 2005 年出版了 *The New Public Diplomacy：Soft Power in Interna-
tional Relations*（《新公共外交：国际关系中的软实力》）。它们构成了公共外交领
域的主要指标性论著，对公共外交的特征、作用与运作作了详细的论述。此外，

用英文发表的有关中国软实力的论著也日益增加。① 它们对中国政府和学术界关于软实力的讨论作了综合性的介绍和分析。

在国外出版的有关公共外交的论著中，一些学者注意到移民和少数族裔对居住国和祖籍国之间外交关系的影响，但这些研究基本上以犹太人或印度移民为例②，鲜有关于海外华侨华人同中国公共外交之间关系的讨论。因此，相关的学术理论和模式缺乏代表性和普遍性。在国内出版的有关公共外交的论著中，对华侨华人的作用也相对缺乏关注。少数的例外是有关美籍华人同中美关系的研究。③ 另有一些学者分析了华侨华人对中日关系的影响④，也有学者从总体的和历史的角度分析华侨华人同中国外交的关系⑤。Kurlantzick⑥ 讨论了中国与华侨华人对东南亚的影响及其同中国的软实力之间的关联。

随着全球化和信息化的不断发展，近年来，有部分学者也从新的角度切入来探讨中国的公共外交。例如，网络技术的快速发展和广泛应用使新媒体开始成为公共外交的一个重要平台，公共外交与新媒体的结合也赋予了这个新兴外交方式

① 例如，B. Gill and Y. Huang, Sources and Limits of Chinese "Soft Power", *Survival*, 2006, Vol. 48, No. 2, pp. 17-36；Li Mingjiang, China Debates Soft Power, *The Chinese Journal of International Politics*, 2008, Vol. 2, No. 2, pp. 287-308；J. Wathnow, The Concept of Soft Power in China's Strategic Discourse, *Issues & Studies*, 2008, Vol. 44, No. 2, pp. 1-28；Y. N. Cho and J. H. Jeong, China's Soft Power: Discussions, Resources and Prospects, *Asian Survey*, 2008, Vol. 48, No. 3, pp. 453-472；T. L. Lueck, V. S. Pipps and Yang Lin, China's Soft Power: A New York Times Introduction of the Confucius Institute, *Howard Journal of Communications*, 2014, Vol. 25, No. 3, pp. 324-349.

② 参见 Y. Shain and A. Barth, Diasporas and International Relations Theory, *International Organization*, 2003, Vol. 57, No. 3, pp. 449-479；A. Hassain, The Indian Diaspora in Britain: Political Interventionism and Diaspora Activism, *Asian Affairs: An American Review*, 2005, Vol. 32, No. 3, pp. 189-208；M. V. Suri, *Democracy, Diplomacy, and Diaspora: Indian Americans and Indo-US Relations*, Cambridge: Harvard University Press, 2005.

③ 如 Peter H. Koehn and Yin Xiao huang（尹晓煌）, eds, *The Expanding Roles of Chinese Americans in US-China Relations: Transnational Networks and Trans-Pacific Interactions*, Armonk, N. Y.: M. E. Sharpe, 2002；[美] 孔秉德、尹晓煌主编，余宁平等译：《美籍华人与中美关系》，北京：新华出版社 2004 年版；Li Cheng, ed, *Bridging Minds across the Pacific: US-China Educational Exchanges*, 1978-2003, Lanham, Maryland: Lexington Books, 2005；黎海波：《美籍华人与中国公共外交：可行性与发展方向》，《河南师范大学学报》（哲学社会科学版）2010 年第 3 期。

④ 朱慧玲：《中日关系正常化以来日本华侨华人社会的变迁》，厦门：厦门大学出版社 2001 年版；陈焜旺：《日本华侨留学生运动史》，东京：日本侨报社 2007 年版；Jin Hui：《中日国交正常化と華僑運動（特集 ワークショップ 戦後の日中「民間外交」と日中関係）》，《现代中国研究》2009 年第 24 期。

⑤ 庄国土：《华侨华人与中国的关系》，广州：广东高等教育出版社 2001 年版；吴前进：《国家关系中的华侨华人和华族》，北京：新华出版社 2003 年版。

⑥ J. Kurlantzick, *Charm Offensive: How China's Soft Power Is Transforming the World*, New Haven: Yale University Press, 2007.

新的特点。① 与此同时，传统的外交理念和外交方式发生了变化，一些新的公共外交形式如建立新闻发言人制度、利用全球性媒体事件展示中国、在全球范围内进行国际文化交流活动等，也开始引起学者的关注。② 在世界局势多变的新时代里，有学者也关注中国重视通过公共外交来增强国内安全治理能力、维护周边环境与海外利益并积极帮助解决国际安全的必然性问题。③ 而在研究海外华人与中国的公共外交方面，多是结合中国的侨务政策进行探讨。同时，学者们也开始注意到，华侨华人作为主体，经历了华侨群体、华侨社会、华人社会、新移民、其他海外侨民群体显现的渐进转变，中国政府对外侨务政策也出现了政策制定法制化、政策内容区别化、政策重心调适化、政策资源融合化的变化。④

值得指出的是，目前关于中国公共外交的研究，大多将公共外交与软实力等同起来。其实，这两者之间既有联系又有区别。软实力是公共外交的重要理论基础和归结点，而公共外交则是全局性的，涵盖了政策、实践、理论与学术分析等方面。

笔者的初步研究成果是在国内外学术界中，首次将华侨华人问题同中国的公共外交直接联系起来，并从学术和政策角度进行了专题分析，⑤ 但这些研究还只是建立在较为初步的观察和思考基础上。本书希望能在实证和政策两个方面进行更加深入和具体的研究。

四、本书的主要内容和研究方法

本书的主要内容是三个相互关联的主题：实证分析、全球比较、政策机制。

---

① 相关研究如张文波：《新媒体时代公共外交发展研究》，山西大学硕士学位论文，2013 年；王薇、张晓艺：《"外交小灵通"：新媒体环境下我国的公共外交与政府形象》，《国际展望》2013 年第 1 期，第 24～38 页；胡泳：《新媒体时代的公共外交》，《现代传播》2011 年第 9 期，第 104～109 页；陈功榕：《新媒体时代公共话语权探析》，《东南传播》2012 年第 10 期，第 42～43 页；董菁岭、孙瑞蓬：《新媒体外交：一场新的外交革命？》，《国际观察》2012 年第 5 期，第 31～38 页。

② 迟策驹：《中国公共外交研究》，山东大学硕士学位论文，2012 年。

③ 黄忠、唐小松：《中国"危机公关外交"：形势、问题与对策》，《现代国际关系》2014 年第 3 期，第 39～48 页。

④ 请参阅潮龙起：《侨务公共外交：内涵界定与特点辨析》，《东南亚研究》2013 年第 3 期，第 65～69 页；叶氢：《从华侨华人结构变迁看中国对外侨务政策变化》，《政法学刊》2012 年第 29 卷第 4 期，第 44～48 页。

⑤ 刘宏：《华侨华人与中国的公共外交》，《公共外交通讯》2010 年 3 月创刊号，第 51～55 页；刘宏：《海外华人与崛起的中国：历史性、国家与国际关系》，《开放时代》2010 年 8 月号，第 79～93 页；Liu Hong, The Historicity of China's Soft Power: The PRC and the Cultural Politics of Indonesia, in Yangwen Zheng, Liu Hong and M. Szonyi eds, *The Cold War in Asia: The Battle for Hearts and Minds*, Boston: Brill USA, 2010, pp. 147 – 182; Liu Hong, *China and the Shaping of Indonesia, 1949 – 1965*, Singapore and Kyoto: National University of Singapore Press and Kyoto University Press, *2011.*

第一，实证分析。这是本书的主要部分，它较为全面而具体地分析华侨华人同中国公共外交之间多层次、多元的关联性，进而阐述中国的实证研究对国际学术界的独特贡献。其一，探讨 1949 年至 1978 年中国华侨华人政策的变化和外交主导侨务，侨务服从于外交这一政策形成的特定背景，以及华侨华人在公共外交的前身——文化外交中所发挥的作用。其二，1978 年以来，尤其是最近 10 年来，中国外交和侨务政策之间的有机互动，以及注重侨务政策的举动对中国改革开放和独立自主外交政策发展的重要贡献。本部分也将分析近年来侨务部门对公共外交政策相关论题的思考及其所取得的成效。其三，具体的个案（国别及专题的分析），重点区域为东南亚、欧洲、北美、东亚（日本和韩国）和非洲；专题包括与公共外交密切相关的经济和文化外交，以及它们之间的联系与互动；中国不同政府部门之间在推动公共外交方面的努力和存在的问题；中央和地方侨务部门对公共外交的贡献与作用；少数民族华侨华人与中国公共外交（以朝鲜族为例）。本部分的研究方法主要为：文献研究（中、英、日、韩、印尼/马来文等多语种的资料），对主要的中央和地方档案、政策文献、报刊资料进行全面而深入的梳理；田野考察和访谈（主要在中国以及周边国家和欧洲），对象为政府官员以及主要国家的侨领和实际工作参与者。

第二，全球比较。这包括三个方面：在理论层面将中国的经验置于全球发展的角度来加以分析，既看到普遍性又看到特殊性，从而建立起两者之间的对话；比较世界各地的华侨华人在展开公共外交方面的异同，以及相互交流和联系的可能性；分析展开公共外交最为成熟的移民社群（犹太人和印度人）的经验以及相关政府的政策，从中得出对中国的启示。本部分的研究方法主要是文献分析，试图在掌握大量资料的基础上对上述问题进行有针对性的研究。

第三，政策机制。这包括两个方面：其一，思考中国（1949 年以来，特别是近十多年来）以及世界的经验，通过比较，分析如何能够促进海外华侨华人对中国的公共外交作出积极贡献，并通过理论、公共舆论和政策分析将这一重要课题同中国的发展有机地联系在一起。其二，如何建立有效的机制，使侨务政策在维护国家核心利益的大前提之下，作为一个具有相对独立性的政策体系，对包括公共外交在内的国家总体发展战略产生影响。这包括中央和地方的协调、五侨机构①之间的联系和主体性的确立等。本部分的研究方法主要是综合论证和政策思考，通过文献和访谈，将各种不同的声音汇集起来，进而作出有创见性的政策论证。

---

① 国务院侨务办公室、全国人大华侨委员会、全国政协港澳台侨委员会、中国致公党、中华全国归国华侨联合会（中国侨联）。

本书希望达到的创新之处在于：其一，将几个被忽略的主题进行有机的比较和论证，包括中国与世界的经验；政策与理论；中央和地方的实践；不同地区华人社会的比较经验；侨务政策的主体性和相对独立性；公共外交与中国的发展等。其联系纽带就是海外华侨华人与中国的多元互动和结果。其二，本书的出发点，即中国公共外交、中国华侨华人政策、华侨华人的作用，是相互交错的；每一个出发点同时也是中介点和终结点；这种交错图谱中就显现了中国经验的独特性和普遍性，因而既有理论意义又有实践和政策价值。其三，本书的实证分析是建立在多语种（中、英、日、韩、印尼文等）和前沿性的学术理论基础之上的，并通过实地考察、访谈印证和补充文献分析，加强研究的全面性。本书中研究项目的设计者和部分参加者不仅是旁观者，而且是侨务政策和公共外交实践的直接见证者或参与者，从而能将理论和政策有机地联系在一起。

五、本书内容摘要

除"总论"外，本书包含以下四编内容：第一编从宏观和历史的角度考察新中国成立以来中国的侨务政策与公共外交关系的演变过程；第二编讨论东南亚的个案，特别是以新加坡为例，讨论新加坡本地人如何看待中国新移民，以及国家如何在引进外来人才和保护本国居民之间取得某种平衡；第三编是澳大利亚华侨华人与中国公共外交的个案分析，讨论澳大利亚华人媒体、昆士兰华人新移民社团与公共外交的关系；第四编分析了韩国侨务公共外交政策和俄罗斯对华公共外交政策。下面是本书的主要内容：

第一编：宏观分析与历史演变。本编首先分析目前及未来海外华人社会的变迁及发展趋势，这些宏观背景成为理解海外华侨华人与公共外交关系的出发点。另一个重要的背景是历史的演变。本编也探讨1949年至1978年中国华侨华人政策的变化和外交高于侨务这一政策形成的特定背景，以及华侨华人在公共外交的前身——文化外交中所发挥的作用；讨论1978年以来，尤其是最近10年来中国外交和侨务政策之间的有机互动，并注重侨务政策对中国改革开放和独立自主外交政策发展的重要贡献。本编也将分析近年来侨务部门对公共外交政策相关论题的思考及其所取得的成效。

第二编：东南亚的实证分析，主要分为两大部分：第一，分析中国的崛起与东南亚社会尤其是当地华人社会的反响，以便有的放矢，对不同的政治、社会和族群展开不同的公共外交；第二，以新加坡为实例，分析当地华人对中国以及移居新加坡的新移民的看法，并进而说明华侨华人在公共外交中的不同作用和角色。在政策机制上，我们应确定不同的重点和方向。该编主要回答两个问题：一是中国的崛起对东南亚区域及当地华侨华人社会所造成的影响；二是在这样的背景之下，讨论东南亚华人社会出现的新变化、面临的新机遇和新挑战。具体来说，这些问题涉及三个不同但又密切相关的主体：东南亚华人社会自身；东南亚华人所在国的政治、社会、经济和文化环境；中国的角度和立场。从以上三个不同角度来看，这三者之间的互动——三者都有自身的利益与考量——或这三者势力交汇的结果，无论是政策上还是现实进程中，都可能会与三个主体的最初设想有些差距。

本编内容反映出中国的崛起固然导致东南亚华人自豪感的增强，但其影响并不均衡，在不同国家出现了不同现象。机遇与挑战并存，且受到国内和国际因素的制约。东南亚华人社会、当地政府和中国政府三者的关系在不同国家有不同的互动模式。一方面，它成为部分华人社群"再华化"的动力，并推动了"跨界中华"的产生与初步的发展，为公共外交的展开创造了机会和条件，但也带来新的挑战。另一方面，它也强化了华人作为东南亚人的身份认同感。对中国新移民而言，其融入当地社会有双重障碍必须跨越，一是进入当地社会，二是进入当地华人社会。而在中国日渐强大、国际地位日益提高、与海外关系日渐密切的时代，当地的排斥态度可能使新移民的融合进程更为困难。因此，东南亚华人社会将在更多的变数和矛盾中演进。这是我们研究东南亚地区侨务公共外交的出发点。

公共外交具有双重性，它既是政府对外国媒体和民众的外交行为，又受到外国民众对中国及其民众的观念的深刻影响。"中国和平崛起时代的海外华侨华人社会与公共外交：东南亚的实证分析（Ⅱ）"指出，由于新移民大规模涌入新加坡，本地居民通过官方和非官方渠道对此表现出越来越多的关注和焦虑。关于中国新移民的舆论在三个彼此联系的论说中展开：①新移民在社会上和文化上都与主流社会有所不同，在社会文化特征上也不像当地华人前几代的移民祖先；②新移民加剧了对稀缺资源的本已激烈的争夺；③新移民在感情上与政治上都与崛起的中国藕断丝连，中国国力的提升强化了这种关联。这些舆论集中造成了一种认知，即认为来自中国的新移民与新加坡当地人或许有某种族群关联（在大家都是华族这一点上），却是不同的政治、社会和文化群体。

新加坡政府尝试通过两项彼此关联的措施——保持经济稳定增长和社会政治凝聚力——来促使公民和新移民的团结，以促进国家建设。为了加强国家竞争力、平等性和同化能力，国家已开始将移民控制与社会、政治和文化领域间的融合相结合。易言之，国家的认同感已经被放到了优先的位置上，并超越了民族身份认同感；而同属一个族群的华裔公民和新来者之间没有明显的纽带来维系彼此的关系。

　　在更广的意义上看，本编讨论了不同力量——国家、民众和个人——在塑造国家和民族身份上的作用。新加坡政府正在践行将中国新移民融入"新加坡式"价值的设想。新加坡的例子既独特亦普遍。它的独特性在于，这是世界上在中国以外唯一的以华人为主体的国家，而华族在塑造这个国家的社会、政治、政策中起了决定性的作用。新加坡案例的普遍性在于，关于新移民的不同舆论是各地华裔移民或居民常用的建立权威地位的一种战略。本编强调，我们的公共外交对象（新加坡华人）并非将自己视为中国侨务外交的天然组成部分，而是有其自身的利益和关注。我们的工作中心应在于发现哪些是双方共同的利益所在（如经济交往和文化联系）。

　　第三编：澳大利亚华人与中国公共外交的关系。第五章"公共外交、海外华人与澳大利亚华人媒体的发展"考察中文媒体在澳大利亚的发展图景，从诸多视角来探讨这个媒介日益增长的复杂性和流动性，并提出几个观点：首先，海外中文媒体受到所在国家变幻莫测的多元文化政策的影响，并回应着这些政策及其影响。同时，考虑到中国大陆在全球势力中占据的新地位以及它的媒介内容和文化影响在海外的不断扩展，出于技术、文化和经济等多方面的原因，需要重新评估海外的中文媒体在文化以及公共外交方面的作用和策略。另外，从某种程度和形式上来说，海外中文媒体是中文媒体跨国界的文化经济发展的重要组成部分。研究显示了商业化的中文媒体随着澳大利亚的官方话语和多元文化主义实践的变化而变化。同时，它的成长与中国大陆的国家媒体向外扩展的雄心是分不开的。这两方面因素体现的是文化全球化的交互过程的后果，而这同时又反过来塑造中国跨国界文化形象。

　　澳大利亚海外华人社区包含了来自世界各地不同社会的华人。这些多样的海外华人社区又呈现出不同形式的融合。从好几代先辈就移民到澳大利亚的华人到刚刚抵澳的华人，他们对中文媒体的依赖性呈现出某种连贯性，如同个人对他们的中国性的认同、对澳大利亚的认同或是对两者的认同。媒体的全球化在很大程度上是随着当今人口的流动而发生的，同时，让那些海外的个人与在祖国发生的事件和生活方式保持深刻的联系。海外媒体则提供了一个让他们与"祖国"文化持续相连的缓冲器，这个缓冲器提供了抵抗老一辈们所经历的被同化的力量。

　　"澳大利亚华人新移民践行公共外交的回顾——以昆士兰华人新移民社团为例"一章以澳大利亚昆士兰州首府布里斯班市的华人新移民为考察对象，特别以过去近20年间存在的社团——昆士兰中国人协会和昆士兰华人联合会——作为个案，对其从20世纪90年代以来自发性地开展公共外交，到2000年之后努力配合中国政府的公共外交的演变过程，作一个简略的回顾与探讨，以揭示华人新移民在其自身转型过程中所起的作用。目前澳大利亚华人社区的发展壮大表明，海外华人更看重的是融入主流社会，公民意识日益增强，参政从政意识强烈，主观上和客观上都有利于中华文化的融入和发展，也有利于增强当地人对中国事务的了解与认识。这一特点也反作用于来访的中国团体对澳大利亚社会文化与社会体制的认识，促使其对外宣传推广更能切合当地实际。可以说，海外华人社区就是一个推广宣传中华文化的公共外交导体，是接通中国与世界的一个桥梁。

第四编：韩国侨务公共外交和俄罗斯的对华公共外交。自 20 世纪 80 年代末开始，韩国通过举办奥运会、世界足球杯等国际大赛的机会，大力宣传本国文化和经济建设所取得的成就，以此来塑造本国和平发展的形象。近年来，韩国政府尤其注重侨务公共外交，韩国外交通商部文化外交局还专门设立公共外交政策处，统筹和整合公共外交力量，重力出击，以提升韩国的国际形象，增加其在国际社会中的影响力。本编中的"在外韩人与韩国侨务公共外交"一章通过考察韩国在外同胞财团、世界韩商大会、在华韩人网络等组织及其主要活动，讨论韩国侨务公共外交的战略和政策，以及其在开展侨务公共外交中取得的成功经验，为中国进一步拓展侨务公共外交提供新的线索和有益的参考。

俄罗斯是一个具有悠久外交传统的国家，但在公共外交方面仍是新手。俄罗斯的公共外交继承了现实主义、自由主义和建构主义的精髓部分，同时也具有明显的俄罗斯特色。本编中"俄罗斯对华公共外交——以'俄罗斯科学文化国际交流（合作）中心'为例"一章讨论了俄罗斯的公共外交，提出俄罗斯对中国的公共外交并非其公共外交的重点，但在与中国对外友好协会的互动下，中俄间的公共外交也取得了丰硕的成果。根据俄罗斯科学文化国际交流（合作）中心目前对中国的工作内容，报告提出：尽管中俄两国政府极力推动中俄关系，但是俄罗斯媒体和民众对中国的反应比较冷漠，这便出现了"上热下冷"的局面。因此，公共外交对中俄关系的意义就更加重要。中国应当努力通过民间机构来促进中俄两国人民的交往和交流，还要充分利用在俄罗斯已有的基础设施，并积极创造机会，让俄罗斯的青年一代能够感受中国、体验中国。在俄罗斯国内，要发挥孔子学院的作用，让真正的中国精神和中国力量感染和熏陶俄罗斯的年青一代。同时逐步完善对俄公共外交的组织机构，培养一批合作的公共外交人员队伍，形成一个系统完整的组织机构，以便更加有效和认真地落实相关工作。

第一编　宏观分析与历史演变

第一章　海外华侨华人社会的
发展趋势与侨务对策①

笔者认为，海外华侨华人的发展趋势和侨务对策取决于三个主体，它们形成一个轴心、两个框架。三个主体包括华侨华人自身、他们的居住地、中国（作为华侨华人的祖国或者祖籍国、中华文化的发源地、世界经济的重要动力），这三者之间错综复杂的关系成为理解未来发展趋势的轴心。它们的演变和未来走向有两个大框架：一个大的框架是纵向的，从 19 世纪中叶一直到今天这 100 多年来的大历史背景的演变；另一个框架是横向的，在今天中国持续发展与和平崛起的大背景之下，中国同外部世界的关系发生哪些变化，它们又是如何影响以上的轴心关系的？

以上述的理念为出发点，本章将从以下四个方面来论述未来 5～10 年侨情的发展趋势和侨务对策：①国际移民的大趋势和移民政策的变化及其走向；②近年来海外华人社会的变迁模式和发展趋势；③中国崛起对海外华侨华人社会的影响的模式和前景；④未来侨务对策理论与实践的总体思考。本章的资料来源主要是作者近年来在欧洲（主要是英国、法国、葡萄牙、捷克和德国）、日本、韩国、新加坡和中国所作的调研（包括实地考察和访谈），对相关国家的官方和民间文献（包括当地出版的华文报刊）的研究和分析，以及对中英日文献资料的解读。

一、国际移民的趋势和政策挑战：移民热与控制潮的博弈

随着全球化浪潮的掀起和经济发展不平衡的加剧，国际移民的总人数和规模仍在增加和扩大。据国际移民组织（International Organization for Migration）2013 年的统计，国际移民数量共计 2.32 亿人，占世界人口的 3.2%。与此同时，据盖洛普（Gallup）调查机构在过去三年来对 135 个国家近 26 万人进行的调查，全球有 7 亿人（占世界成年人口的 16%）希望永久地移居国外；五个主要移居对象国依次为美国、加拿大、英国、法国、西班牙。该调查还显示，中国是净移民输

---

① 本章作者刘宏，本章是在国务院侨务办公室委托项目（《未来 5～10 年侨情发展趋势与侨务政策》）总论部分（已完稿）的基础上修改而成的。

出国。最近，有 20 万中国中学生放弃高考转而留学海外，这是中国国民在经济日益发达的背景下出国潮的一个表征。发达国家的经济转型、人口老龄化、出生率持续下降（在日本、韩国、新加坡等国家出生率都低于 1.3%，远未达到 2.1% 的人口替代率），使移民成为必需。在 2009 会计年度中，中国仍是移民到美国人数第二多的国家，该年度美国共发出 113.081 8 万张绿卡。其中，中国大陆 6.423 8 万人、中国台湾 8 038 人、中国香港 2 651 人获得永久居留权。来自中国的移民人数占所有获绿卡总人数的 5.7%，仅次于墨西哥。同年，还有 3.713 万名中国公民入籍美国，名列全球第四。

　　另一方面，由于世界经济危机的影响以及国内反移民呼声的高涨，移居对象国政府开始收紧移民政策，减少移民人数，并强化对现有的移民的融合政策。英国内政大臣特丽萨·梅于 2010 年 11 月 5 日在其上任以来发表的首次有关移民政策的讲话中表示，必须采取严厉措施限制移民涌入英国，使非欧盟国家的外来移民数量减少到"可以容忍"的水平。在 2010 年 6 月提出的临时上限目标为每年发放 24 100 个技术移民签证（而 2009 年英国的净流入移民是 19.7 万人）。由于欧盟已与印度签订了"自由贸易协定"（Free Trade Agreement），成千上万的来自欧盟国家和印度的 IT、工程和管理人才可以自由进入英国。英国针对"非欧盟移民"的"上限"政策，将只能限制华人等其他国家和地区的移民。美国亚利桑那州 2010 年初通过的针对非法移民的严苛法律（SB1070 法案），含有种族偏见及歧视的内涵。自美国国会于 2010 年 11 月举行中期选举前数月起，美国就出现了许多对外国人无理仇视、畏惧的仇外言论。由于美国对亚太裔的刻板印象，使得亚太裔常被视为外国人。各地的中期选举竞选广告，不少拿非法移民作议题，都对移民及亚太裔造成伤害。

　　甚至像新加坡这样以移民为主和以人才立国的国家，由于近年来大量引入移民，已于 2010 年达到了 500 万的人口目标（比原先的预测提前了十年），其中只有 377 万是新加坡公民，永久居民的人数则从 2000 年的 29 万增加到 2010 年的 54 万。所有这些都给当地的交通、住房、教育和就业等民生问题带来了巨大的挑战。社会各层面都出现了对外来移民和政府移民政策不满的呼声，导致政府在 2009 年以来也采取了不同措施，除了进一步鼓励和推动新移民融入当地社会之外，还限制移民人数以及非公民在医疗和教育等方面的福利。作为最大的移民来源，中国人（尤其是中下层移民）是最受影响的群体之一。

　　笔者认为，以上的几种趋势将在未来 5~10 年内持续共存，在调整和博弈中左右国际移民的走向和政策特征。它们构成了理解未来侨情变化的大背景。

二、华侨华人社会的变迁模式与走向

中国的和平发展和进步是不可改变的事实。2010 年，中国的 GDP 总量已超过日本，成为世界第二大经济体，并预计在 20～30 年内赶上美国。但发展的过程不可能一帆风顺，今后的 5～10 年仍将充满挑战。在经济全球化日益加剧的情况下，中国如何建立创新型国家，实现国家统一，确立起一个负责任的大国形象，并参与建立和完善相关的区域和全球治理机制，是我们面临的主要问题。这些挑战由于中国经济近 30 年的跳跃式发展而显得更加紧迫。

应对这些挑战，需要将国内和国外两个大局势统筹起来，华侨华人是连接这两个大局的重要力量之一。有效地利用这一宝贵资源，将有助于中国的发展和国家的统一。要了解海外华人社会的未来变迁，我们先要把握目前的状况和模式。

第一种模式是以东南亚国家为主，笔者认为该地区代表了从民族国家逐渐向移民国家的转变模式。王赓武教授在 20 世纪 90 年代写过一篇文章，认为世界上的国家从移民角度来分有两种模式：一种是移民国家的模式，另一种是民族国家的模式。他说的民族国家的模式出现在东南亚，特别是第二次世界大战建立之后这些国家所推动的对移民的限制，强调同化这些国家的华侨华人。而移民国家模式主要在欧美，包括美国、加拿大、澳大利亚或者西欧的国家。但是，本研究发现，在最近 5～10 年出现了一种变迁，在东南亚国家出现了从民族国家模式逐渐向移民国家模式转变的特征，笔者注意到在东南亚国家的"再华化"（Resinicization）现象日益明显。这指的是新生代华人重新审视他们的身份和文化认同，在保持和维系自身政治认同（效忠于出生国/居住国）的大前提之下，对自己的华人族群身份感到自豪和骄傲，对中华文化和语言的热情日渐高涨，并将与祖籍国（中国）的文化、经济和社会联系视为一项对自己和居住国的发展有利的因素。这方面有很多的具体事例。直接的表征是文化和语言，后面也有经济的原因，就是因为中国的发展给周边国家提供了相当多的机遇，所以从政府最高官员到基层官员都强调学习中文和了解中国对于它们的发展起了重要作用。毫无疑问，这些移民政策上的变化与中国经济的迅速发展密不可分。2010 年开始实施的中国—东盟自由贸易区（China – ASEAN Free Trade Area）对东盟的经济发展起了非常直接的推进作用。

例如，菲律宾前总统阿罗约于 2009 年底在马尼拉召开的世界华商大会上公开表示，她的丈夫是华人，她的儿子有一半的华人血统，她自己为此而骄傲，并极力称赞华商对菲律宾经济发展所作的积极贡献。这从一个侧面反映出东南亚国家经济如何影响族群关系以及对华人和对中国的政策。本书发现，在这个转变过

程中，过去比较明显的冲突（文化、宗教或者政治方面）已经比较弱化。但是，在这一过程中，历史记忆，包括冷战时期中国和东南亚有关华侨华人问题的争议仍会影响中国和东南亚国家关系，包括华侨华人问题。这是一种逐渐转变的过程，从民族国家控制和限制的特征开始转为移民国家一些比较开放和包容的特征。

第二种模式主要在欧美，在某种程度上也包括日本。在欧美，从第二次世界大战开始一直到 21 世纪初这么长的时间里，对移民一直比较开放，但是这些国家政策在最近几年里出现了变化，显现出民族国家的控制和种族文化冲突的特征。引起这种大的政策变化的重要因素是经济（包括移民同当地社会在经济利益上的冲突），相对于亚洲发展中国家来说，这些国家的经济和就业面临很大的压力，移民（特别是来自欧盟以外）成为政客之间互相竞争和公共舆论的替罪羊。

除了经济因素之外，文化和宗教也成为欧美国家移民政策变化的重要原因。从 20 世纪 60 年代以来，这些国家基本上以多元文化（Multiculturalism）为社会政策的指导方针，对移民带来的文化采取包容甚至鼓励的态度。2005 年之前，英国的移民政策基本上是开放式管理，强调文明的多元化。如在公立学校推行多元文化政策，宗教教育必修课程包括了基督教、犹太教、伊斯兰教和锡克教等多种宗教；穆斯林女生可佩戴不与校服颜色相冲突的头巾；政府允许穆斯林广泛修建清真寺。温和的移民政策和兼容的政治体制，使移民和少数民族在相当程度上保留了各自的语言、文化与宗教特性，他们同时在英国政治和舆论界中也有一定的影响力。

然而，2005 年 7 月和 2006 年 8 月发生在英国的两起恐怖袭击事件，基本上宣告了英国多元和开放式移民管理政策的失败。人们惊讶地发现，这些冷血的"人弹"袭击者并非来自境外，而是在英国土生土长、受当地教育的穆斯林（虽然他们只是极少数）。认为移民是英国面临的主要问题的人数比例，从不到 5%（20 世纪 90 年代中期）增加到 40% 以上（2006 年）。不少知识分子对多元文化政策和实践也提出了直接的批评，认为它们加剧了文化、宗教和政治的分化，不利于国家的团结。近年来，英国的移民政策开始更多地强调种族融合，前首相布朗在位时也大力提倡"英国性"（Britishness）。布朗认为，只有具备了"共同的国家认同感"，社会才能发展和进步；新移民要主动学习英语，争取融入主流社会。他还将加入英国籍比作"签署一项合同书"，主张新移民应该为社会先尽一些义务（如做义工）。值得指出的是，工党政府的移民政策也成为他下台的原因之一。

2010 年 10 月，加拿大联邦公民及移民部长康尼（Jason Kenney）在一项有关移民的对话活动中，避用"多元文化"字眼，而选择了"多元化"（Pluralism）。

康尼强调，他不希望加拿大的多元化形成许多族裔聚居地（Ethnic Enclaves），而应助推公民素养的提升，协助移民融入加国社会；他同时谴责移民社群一些野蛮的文化习俗（Barbaric Cultural Practices）。德国总理默克尔在同一时间也表示，"文化多元化社会的尝试已经失败，并且是彻头彻尾地失败了"。她称，德国过去对移民的要求"太少"，让拥有不同文化背景的人在没有完全"融合"的情况下并行生活，行不通。移民融入问题多年来仍未成为政治辩论的话题，而如今应是她的优先目标之一。

近年来，在西方国家如法国和美国都先后发生了规模不等的辱华事件，其深刻的社会背景不仅在于这些国家的经济不景气和失业情况加剧，也与政府的移民政策和文化政策的变化相关联。此外，由于不少华人新移民居住的地区与当地的其他少数族群（如美国的非洲裔和法国的阿拉伯裔）相毗邻，他们之间在个人层面于同一空间范围里发生冲突的可能性也随之增加。这种类似的针对华人的暴力现象是否还会发生，值得我们密切关注。

与西方（尤其是欧洲）国家移民政策变化密切相关的是这些国家华人移民的多元化和碎片化（fragmentation）的现象日益明显。据 2001 年人口普查，英国华人的总人数为 24.7 万人。不过，近十年来华人人口迅速增长，每年增长达 11%，是英国人口增速最快的少数族群。据英国国家统计局在 2008 年的统计，到 2007 年中期为止，英国华人人数已达 40 多万，而最新的数据是英国华人人数已超过 50 万。尽管华人人口在近十年来增长迅速，但他们仍然是个小族群。据 2001 年人口普查，英国的非白种人人口只占了全国人口的 7.9%，而华人仅占 0.4%。即使在少数族群（非白人）之中，华人也只占 5.3%，远低于南亚人（印度、巴基斯坦、孟加拉）的 50%。华人在全国人口和少数族裔人口中绝对弱势的比例无疑影响了他们在英国的社会和政治地位。华人社会多元化的特征十分明显。从出生地、地理分布、职业构成等方面来看，英国华人社会的多元性和碎片化特征对华人社会内部凝聚力的形成和对英国的国家认同感的建立有一定的阻碍作用。据 2004 年官方调查，只有 52% 左右的华人认同英国，远低于其他少数族群（加勒比黑人——86%、其他地区黑人——83%、巴基斯坦人——83%、孟加拉人——82%、印度人——75%）。2010 年 10 月，英国"平等与人权委员会"（EHRC）发布的官方调查报告（名为 How Fair is Britain，即《英国有多公平》）指出，华裔在学术和专业领域表现优异，其成就甚至超过了英国白人。但另一项对英国 400 个地方政府所作的调查显示，在地方政府中，绝大多数"高层职位"仍然为白人所占据，华裔及其他少数族裔很难获得这些薪酬丰厚的职位。

在上述大背景之下，西方国家的新生代华人的参政热情和意愿有所加强，这是社会融合的一个表现。例如，在被称为"二战"后英国最为激烈的一次选举

（2010 年）的过程中，华人作为一个少数族群，通过华裔候选人的参选活动，发出了寻求更积极参政的呼声。共有八位华裔候选人参加下院议员的竞选，这是历史上华人参加下院选举候选人数最多的一次。其中，出生于广东的候选人吴克刚博士，更成为首位参选的中国大陆出生的英国华人。毫无疑问，这种社会融合和政治参与的趋势将继续下去，从而改变当地华人社会的身份认同。

第三种模式主要在中国新移民之中，这是一种介于落地生根和落叶归根之间的海鸥和人才环流模式。华人新移民已有数百万之多，其人数随着留学生（包括低龄）的大量出现也将日益增加。新移民逐渐成为海外华人社会中的一支重要力量，对中国和居住国的发展开始起到更为全面和积极的作用。新移民内部的两极化倾向比较明显。受过高等教育和具有专业知识和经验的新移民构成了高技术或高层次移民的主体，他们较易融入居住国社会，也是以不同方式参与中国社会和经济建设的主要海外人才力量。劳工或中小型商人的主要经济活动空间在华人社会内部具有典型的族群或贸易经济特征，他们与居住国的主流社会距离较大，但对家乡的经济作出了十分重要的贡献（例如通过侨汇）。

出国热与回归潮成为两道并行的风景线，而且这种趋势将会持续下去。根据美国研究生院委员会于 2010 年 4 月 6 日发布的调查报告，2009—2010 学年，申请来美读研究生的国际学生数量比上一学年增加了 7%，其中来自中国的申请数量猛增 19%，增幅名列第一。这是中国申请来美读研究生的学生数量连续第五年呈现两位数增长。《中国留学人才发展报告（2009）》数据指出，截至 2008 年底，我国总共送出留学人员 139 万；3 年之内中国留学生总数就会超过 200 万。中国出国留学人数已居世界首位，占全球总数的 14%。进入 21 世纪后，留学人员的构成也发生了重大变化。体制外自费留学生已占出国留学人数的 90% 以上，出国留学地区分布在世界 109 个国家和地区，所学科目几乎覆盖了当代所有学科。留学低龄化成为新兴趋势。在上海的出国留学生当中，15～19 岁占据了大约 27%。

到 2009 年，中国累计已有 160 万人出国留学，其中 50 万人已学成回国，尤其在法律、社会科学、经济、金融等领域回归率高达 6 成。2009 年，全美留学回国学生就达 8 万人。因此，如何将回归潮同中国的人才强国战略有机地联系在一起，是未来侨务政策的重要内容。

在新移民人数日益增加的同时，其内部多元化趋势也将日益明显。除了表现在社会阶层、出生地和教育背景等传统性差异之外，少数民族新移民人数也日渐增多。例如，据韩国法务部《出入国·外国人政策统计年报 2008》的统计，2008 年居住在韩国的中国大陆籍人数达 556 517 人，比 2004 年增加了 51%。其中，朝鲜族达到 376 563 人，汉族及其他民族为 179 954 人。自 1992 年中韩两国

建交以来，进入韩国的朝鲜族有增无减，在最近几年韩国政府的推动下，未来几年韩国的中国朝鲜族将成为韩国华侨社会的主体。因此，我们对待他们的问题时，要从中华民族这一大家庭的角度考虑问题，要意识到在对中国的主体认同基础上多重文化和民族认同存在的可能性，要在强化中国国家认同的基础上将少数民族的文化认同与中国认同有机地结合在一起。朝鲜族作为中国 56 个民族中的一员，已经在中国居住了一百多年，他们早已认同中国为祖国，但仍不免有些人归化或恢复韩国国籍（其人数由 2004 年的 7 400 人增加到 2008 年的 12 500 人）。这些思考有助于我们面对今后将日趋复杂化的新移民群体，包括尽可能地团结移居海外的藏族和维吾尔族同胞，在维护祖国统一事业中发挥更大的作用。

三、中国的崛起对华侨华人社会的影响

中国的崛起与和平发展给海外华侨华人社会带来怎样的影响？从目前来看，有几个值得注意的现象和趋势。

第一，中国崛起成为华侨华人社会政治和经济发展的经济推动力量。例如，随着中韩两国建交与两国关系的稳步发展，作为第二代、第三代的华侨移民，与中国的往来日益频繁，并且表现出向中国靠拢的趋势。2002 年，韩国华侨社会成立了"韩华中国和平统一促进联合总会"和"汉城中国侨民协会"，旗帜鲜明地表达了反对"台独"的立场。他们也积极与世界各地的华人进行合作与交流。2005 年，韩国中华总商会成功举办了第八届世界华商大会，使原本孤立的韩国华侨社会与全球华人社会密切联系起来。他们在韩国政府的支持下，不仅尽可能地利用华商网络，努力成为韩国吸引世界华商资本的窗口，也谋求与国内的合作与交流。未来，他们与新华侨形成联盟，保持两种社会关系纽带，即同时保持华侨社会关系网络与韩国社会关系网络，将会形成一股强大的力量。

中国的崛起也有助于华人参政热情的提高。2010 年，英国华裔候选人李泽文认为，"当前英国华人参政现象的高涨的原因之一是中国的崛起。中国国内广阔的市场空间成为不少跨国企业紧盯的'肥肉'，培养熟悉中国市场环境与企业文化的华人专家和政治家显得格外重要，华人凭借自身的优势迅速获得了青睐"。他还强调，"与其说中国崛起给了华人信心，倒不如说给了他们荣耀"。在回答"中国影响力增强是否也提升了华裔在英国社会的政治地位"的问题时，吴克刚表示，"我本人是来自大陆，所以当然有帮助"。但他同时强调，"对于我参选议员是否有帮助我没法回答，我参加了初选过程，与其他候选人竞争，最终成为候

选人，不想把中国的影响力作为一个因素"。①

第二，中国崛起可能成为少数对中国有偏见的国家和政客攻击当地华人的借口。在美、日等发达国家，"中国威胁论"可能会被延伸到当地华人社会。2009年，美国"百人会"（Committee of 100）的调查显示，美国的非亚裔人口认为美籍华人效忠中国甚于美国的比率比2004年有所提高；近来美国和欧洲的排斥移民浪潮可能波及华人；2010年，日本右翼频繁在东京的华人聚居地（池袋）示威，并以钓鱼岛的主权争端为借口，更趋鲜明地从反华向反对中国政府某些政策的方向推移（如要求释放刘晓波、支持"疆独"等），并波及当地华人（有些在日华人被辱骂为"蟑螂"）。类似的现象有可能在一些与中国存在直接或潜在纠纷的国家（如印度）重演，值得我们警惕和关注。

第三，伴随着中国崛起而出现的中国海外投资贸易迅速增加，华侨华人跟当地社会利益和经济利益的冲突与矛盾会更加表面化。这种现象在欧洲（如西班牙、意大利等国）已经出现，表现在华人鞋厂和仓库被烧等。华人社会（尤其是新移民）未能有效地融入当地社会，更加剧了这些冲突。在非洲和拉丁美洲，虽然中国企业（包括国企）给当地带来了经济发展机会，但一些企业没能遵守当地文化和风俗，甚至出现一些歧视当地人的现象（如非洲人和中国人使用不同的卫生间），华人与当地居民的经济竞争和文化差异可能会成为政治课题；部分华人在海外的形象不佳，也会对中国的国家形象造成负面的影响。

四、有关未来侨务政策和理论的思考

中国与海外华人社会的联系日益密切、多元化和深层化。随着中国的崛起和国际地位的提高，海外华人社会与中国的经济、社会、文化和政治的联系的深度和广度达到了前所未有的状况。这给侨务政策的制定和实施带来了巨大的机会，但当前局势的复杂性和流动性也为侨务政策带来挑战。如何应对以上新形势和潜在的问题？笔者认为，以下几个方面值得思考：

（1）在确保国家核心利益的基础上注重华侨华人的利益并争取实现双赢。必须强调，这两者之间并没有本质上的利益冲突和矛盾，华侨华人社会在居住国

---

① 详见王晓萍、刘宏主编：《欧洲华侨华人与当地社会关系：社会融合·经济发展·政治参与》，广州：中山大学出版社2011年版。

的生存、发展和壮大并实现"三个大有作为"是侨务政策的核心①；而海外华人也期待一个统一和强大的中国。但在一些具体问题上，国家利益和海外华人需求有可能存在距离（例如是否承认双重国籍问题）；在一些国家（如美国），华裔政治家必须将其国家和选区的利益置于其他利益之上。成功的侨务政策能够使两者利益最大化，同时尽可能消解或降低对海外华人以及中国国家利益的潜在威胁。建议在有关的研究项目和其他调研的基础上，就海外华人的未来走向和侨务政策作进一步的具体分析［或称 SWOT 分析——战略（Strategy）、弱点（Weakness）、机会（Opportunity）、挑战（Threat）］，同心协力实现国家和华侨华人利益的双赢与有机互补，并使后者的活动被有机地纳入国家整体的建设和发展战略之中。

（2）在鼓励新生代华人认同中华文化和积极参政的同时，应该注意到在不同地区华人问题的差异性和多元性，以不同的方式推动国家利益。例如，在欧美等西方民主国家，与执政和在野的华人政治领导人保持联系，使他们对中国的发展有深入的了解。对东南亚等地的华人，可以通过华人社会和商界的领袖以经济和文化为契机来推动中国与所在国的关系。这些联系尽量以中文为媒介（包括宣传），以避免带来不必要的误解和疑虑。在非洲和拉丁美洲等地，可以利用国企在当地的经济联系，结合当地新华侨的纽带，积极树立中国的正面形象。例如，参与当地的慈善和教育等不具争议性的公益事业，并通过当地文字的媒体加以介绍和宣传。

（3）我们还应鼓励和协助华人参政，这是保护华侨华人利益的最有效途径。英国 2010 年大选给华人未来参政道路提供了重要的经验，这需要华人社会认真总结②。本书认为，要想鼓励和协助华人参政，除了大环境（如选举制度的改革、华人候选人与主流政党领导人的沟通等）之外，从华人社会内部来讲，还有以下几方面工作可以尝试：

其一，从社区活动做起。对于类似英国这样的民主社会，社区活动是磨炼候选人能力，了解选区民众诉求，提高个人在社区、党内和媒体（地方性的和全国性的）知名度的重要途径，并最终能为未来参选打下良好的基础。

其二，强化华人政治团体的制度化程度。例如，"英国华人参政计划"（BC

---

① 2005 年 2 月 28 日，胡锦涛同志在会见全国侨务工作会议代表时指出："在凝聚侨心、发挥侨力，为实现全面建设小康社会的宏伟目标作贡献方面，侨务工作大有作为；在反对和遏制'台独'分裂势力，推动祖国和平统一进程方面，侨务工作大有作为；在开展民间外交，传播中华优秀文化，扩大中国人民与世界各国人民友好交往方面，侨务工作大有作为。"

② 参看刘宏、候佳奇：《当代英国华人社会与政治参与：以 2010 年大选为中心》，载王晓萍、刘宏主编：《欧洲华侨华人与当地社会关系：社会融合·经济发展·政治参与》，广州：中山大学出版社 2011年版，第 109～131 页。

Project）对华人参与政治起到了重要作用，但它还缺乏制度化和常态化。英国华人领袖或可参考其他国家华人参政的较为成功的模式，从中吸取有益的经验。美国亚裔政治行动委员会所成立的非党派性的"80－20 促进会"（80－20 Initiative），集中亚裔/华裔的票源，对某个特定的政党或候选人提供支持。其意义不仅在于选举本身，更在于华人的声音能够获得机制性的（institutional）表述。类似美国华人社会的"百人会"组织有助于提高海外华人在主流社会的知名度和影响力，进而整合华人的政治资源。

其三，加强华人社会内部的沟通与合作。本书注意到海外华人社会的多元化和碎片化，对华人的内部团结有一定的阻碍作用。建立华人社群内部的跨越出生地、方言群以及代与代之间鸿沟的组织以及联络与协调机制，寻求华人社会的共同诉求，对于华侨华人未来参政有重要的意义。

其四，从侨务政策的角度来看，过去几年间国内的侨务部门以及驻外使领馆对华人融入当地社会以及寻求自己的权益（包括参政权）起了积极的推动和协助作用。侨务部门和使领馆不仅是联系华侨华人同祖（籍）国之间关系的重要纽带，而且成为华侨华人居住国内不同背景的华人群体之间相互沟通和联络的最主要平台，这一协调和领导作用可进一步拓展。此外，使领馆在某些时候也有助于同华人与外国政府之间的互动。侨务部门与使领馆对华人社会的未来变革（尤其上述第二、第三点）将可以起到进一步的推动和鼓励作用。但是，鉴于欧洲的反移民呼声以及中国在国际舞台上的崛起所引发的不同反响（包括负面的），我们也要注意策略，避免引起不必要的误解和反弹。

（4）使侨务工作同创新型国家的建立和人才战略更有机地联系在一起。海外华人尤其是新移民中的专业人才和高端人才对中国的创新型国家建设有重要意义。目前的一些吸引人才机制还是集中在其他的机构，例如，"千人计划"的五个窗口机构包括中组部、科技部、欧美同学会等。目前一些人才工程和大规模的会议还比较分散，我们可以考虑对现有的项目进行梳理和整合，并在此基础上建立侨务领域的国家级品牌工程。这有助于国内民众和相关机构对侨务问题的理解和认识，也使国务院侨务办公室成为引进高端人才计划和未来重大项目实施中不可或缺的重要窗口单位。推动制定和完善一整套明确、灵活且具操作性的制度化和常态化的吸引和使用人才体系。目前的政策以纵向为主导，通过中央人才工作协调小组和海外人才招聘团等机制展开工作。这在吸引高端人才的初期是十分重要的，但是，这些政策和措施的制度化和常态化对于人才战略的实施和成效意义深远。如何为还保留中国国籍的高端人才提供基本的国民待遇，也是一个亟待解决的问题。对于已获得外籍身份的原中国公民而言，中国绿卡的门槛太高（2004年至 2009 年这五年间，北京只有 311 人获得在华永久居留资格），而仍保留中国

国籍的高端人才也处于十分尴尬的状态。他们中的不少人是在20世纪80年代中期至90年代初出国留学,当时政策规定必须上缴个人身份证。回国之后(包括短期),他们的中国护照经常无法作为身份凭证,在申请科研项目,办理银行开户、驾照、子女就学等事务的过程中经常遇到不必要的困难,使他们在自己的国家变成了"无户籍或无身份的公民"(即使他们在中国购买了自住的房产)。改变这种状况并不需要牵涉双重国籍这一复杂的外交问题,而完全属于中国的内政,只需国家公安和侨务等部门制定相关的规定,考虑以某种方式为这批人恢复身份证。在笔者于不同国家的调研中,许多高端人才(如日本华人教授会的许多资深成员)多次提出过这项要求。

(5)促使华侨在现有的宪法和法律法规的架构内参与国内政治发展和建言献策方面发挥更积极的作用。自2001年以来,共有247名华侨华人作为列席代表参加了全国政协大会。然而,尽管他们的建言献策对沟通海外华侨华人和祖(籍)国关系有所帮助,但毕竟他们不是正式代表,不能全面参与到政策讨论过程(包括提出充分准备的提案)中去。建议国务院侨务办公室和全国政协研究考虑恢复在全国政协中海外华侨代表的制度。那些居住在海外,仍然保留中国国籍并对中国和居住国都有深入了解且愿意为国服务的华侨可成为政协代表人选。他们可以通过制度化的渠道和常规性的方式,对相关课题进行调研,积极建言,广献良策,使华侨能够直接参与祖国的政治发展的过程。本书认为,基于以下几点原因,这一调整并不会影响中国现行的国籍法和相关的侨务和外交政策。首先,邓小平、江泽民和胡锦涛等国家领导人都指出,华侨华人是中国发展的宝贵资源,新世纪的侨务工作"大有作为"。华侨华人在中国的改革开放、招商引资和招才引智的过程中都发挥了积极的作用;他们同样能够为中国的政治发展添砖加瓦。其次,这些代表仍然是中国公民,参与祖国政治是他们的权利与义务。最后,侨民参政的类似事例在其他国家也很普遍。例如,居住在海外的印度人(Non-resident Indian)在他们的祖国就享有广泛的权利和义务。印度政府最近考虑立法允许他们享有投票权。自2006年开始,在韩华侨获得永久居住权3年以上,且年龄18周岁以上者可在地方选举中行使投票权。日本民主党自2009年9月执政以来,就积极推动立法,给予在日本获得永久居留权的外国人(包括十多万具有中国国籍的在日华侨)在地方的参政权。如果中国公民能够参与外国的地方政治,那么他们参与祖国的政治进程就更是天经地义的事了。

(6)侨务理论研究应有超前性和创新性,为侨务政策的主体性和相对独立性创造条件。我们在思考侨务理论和相关的侨务政策时可以有些新的思路和角度。我们一些侨务理论研究的思路,在某种程度上还受到新中国成立以来的传统体系的制约,这种制约很重要的一方面是在冷战大背景之下,侨务完全从属于外

交政策。在新的形势下，侨务政策的最终目的仍然是服务于国家利益，但是在一些政策和措施方面，包括我们在建立创新型国家过程中，应该思考怎么样使侨务政策发挥积极主动作用，更加突出自己的主体性。思考在推动华侨华人从民间外交向公共外交转型过程中，侨务政策的理论体系怎么样更符合新的形势。这些都是侨务理论在未来几年需要研究的问题。

（7）在进一步强化华侨华人在民间外交作用的同时，应尽量加强和提高他们在中国公共外交中的地位。随着中国在国际经济和政治舞台上扮演日益重要的角色，其公共外交的作用也更加突出。成功的公共外交政策的制定与实施需要我们对中国发展的现状、特点及未来走向有清醒的认识，并在此基础上通过不同的方式影响国外公众、非政府组织和政府对中国的看法，从而推动中国的国家利益发展。笔者认为，作为中国历史、文化和社会经济发展中的重要一环，华侨华人是公共外交中一支不可忽略的力量。正因为如此，一直以来，华侨华人对国家的总体外交都起着补充和支持作用。毫无疑问，这一作用将持续下去。随着中国全方位外交的展开以及统筹好国内、国际两个大局的需要，华侨华人在中国全球化过程中的作用将进一步强化，并在公共外交领域产生一定的影响。从民间外交到公共外交的重点转变需要思路上的突破和相关政策的调整。本书尤其强调以下两方面的问题：

第一，主体性和协调性。民间外交是以公众为主体的外交形式，它还可细分为民间对民间、民间对官方、官方对民间三个不同的层面。一方面，华侨华人通常构成了中国民间外交的主体，并与所在国和中国的官方机构保持密切的互动。另一方面，公共外交是以公众为受体的外交形式，作为主体的政府对他国民众（包括外国的非政府组织和社会公众舆论）的外交活动。在与华侨华人有关的公共外交活动中，相关的主体部门是具有中国特色的"五侨"系统，即国务院侨务办公室、全国人大华侨委员会、全国政协港澳台侨委员会、中国致公党、中华全国归国华侨联合会。在公共外交地位日益重要的今天，它们之间如何展开有效的分工与合作，利用各自的人脉资源和机构优势，同外交部等部门一道推动与华侨华人相关的公共外交政策，值得我们仔细思考和深入研究。公共外交的战略和策略问题应获得更广泛的关注和重视，它或许可以成为中央和地方层面的"五侨"联席会议的重要论题之一。

第二，针对性和参与性。如果说政府相关部门是公共外交的主体，那么它与华侨华人的关系如何？本书认为，一方面，华侨华人既是公共外交的受众，也是主体的组成部分之一。如前所述，大部分的华侨华人已经是外籍华人，因而成为公共外交的受众，但他们并非普通意义上的外国人。在许多国家，海外华人的经济地位和受教育程度都较高，对主流社会的公共舆论开始有一定的影响，而他们对中华文化和中国的情感也随着中国的崛起而增强。另一方面，部分新华侨和归侨则可能作为公共外交的主体成员之一。他们生在中国，长在中国，虽然在海外接受教育和工作，但仍然保留中国国籍，也关心中国的成长与进步。他们了解中国和所在国的政治和社会情况，能够熟练地游离于中外文化之间，并深知国外的公共舆论的运作规则，如果他们能有意识地将学术研究的成果转化到媒体等平台，从而影响公共舆论、智库以及国际上有关中国的论说，这对中国公共外交的成功实施将有重要的意义。犹太人在美国学术和舆论界具有广泛的影响力，它的建立和维系或许是值得我们关注和参照的模式之一。公共外交是个全局工程，需要不同部门的协调和共同努力。近年来，中央和地方各级部门都积极吸引高端人才为中国服务，并取得了显著成效。除了国家经济发展和科技创新所急需的专业技术人才（他们一直是招才引智的重中之重），我们也应该进一步拓宽高端人才的范围，将那些活跃于海外人文社会科学和公共政策领域且真正能够有助于中国公共外交实施的人才纳入引进的对象之中。近年来，国务院侨务办公室先后组织的有关北美、日本和欧洲的华侨华人高端论坛，集学术、政策和实践为一体，发挥了重要的影响力，建议持续而深入地进行下去，这将对中国公共外交的拓展起到某种典范性的作用。

第二章　中国公共外交历史与华侨华人政策①

　　公共外交概念在中国的兴起是在改革开放以后国家实力日益上升背景下，中国在国际体系中寻求国际地位上升、缓和价值观与文化冲突的路径选择。

　　改革开放以后，中国日益崛起，国家实力迅速上升，逐渐融入全球体系。传统的民族国家视角越来越具有局限性，跨越民族国家边界的联系成为全球化下的必然趋势和一股强大的力量。中国公共外交恰是这种跨界联系的重要形式。孔子学院、奥运会、世博会、国家宣传片都成为中国施展公共外交的舞台。但是有一支力量从诞生之日起就与中国公共外交有着密切联系，那就是华侨华人社会。华侨华人社会自其19世纪末形成以来一直都是中国外交的一支重要力量。

　　但是，从历史的发展进程而言，海外华侨华人社会并没有在新中国外交中扮演主动或积极的角色，而多处于被动。1949—1965年形成的外交主导侨务、侨务服从于外交的机制制约了华侨社会的主动性与积极性，冷战背景下侨务与外交的一体有利于外交目标的实现，但是也促成了华侨社会的转型与衰落。改革开放以后，新移民大量加入，华人社会规模扩大，海外华侨华人社会结构发生变化，在居住国的社会地位大大提升，海外华侨华人社会焕发新的活力，为中国改革开放以后实施公共外交、维护国家利益、服务国家建设提供重要力量。广大海外侨胞积极参与中国改革开放和现代化建设，遏制"台独"分裂势力，实现祖国统一大业。他们既是弘扬中华文化并推动中华文化走向世界的传播者，也是拓展民间外交、发展中国人民与世界各国人民友好交往的积极推动者。海外侨胞是中国公共外交可以依靠的力量，但是中国依靠侨胞开展公共外交仍然面临着一些制约因素。

一、导　言

　　"公共外交"一词最早由美国前外交官埃德蒙·古林（Edmund Gullion）在1965年提出，他认为"公共外交是处理公众态度对政府外交政策的形成和实施所产生的影响。它包含的领域有：超越传统外交的国际关系领域；政府对其他国

---

① 本章执笔人：张学军。

家舆论的开发；一国私人利益集团与另一国的互动；对外交事务的报道及其对政策的影响；外交使者与国外记者的信息沟通；文化间的交流等。公共外交的核心就是信息和意见的跨国际传播"，公共外交强调一国政府对另一国民众开展的着眼于塑造良好国家形象的交流和传播活动，使用包括文化、经济、政治和其他社会交往手段。大众传媒出现之前，公众外交主要依靠人际传播。大众传媒出现之后，就通过大众传媒开展对外宣传。

韩方明博士主编的《公共外交概论》一书对公共外交进行了界定：公共外交是一个国家为了提高本国知名度、美誉度、认同度，由中央政府或者通过授权地方政府和其他社会部门，委托本国或外国社会行为体通过传播、公关、媒体等手段与国外公众进行交流，开展针对全球公众的活动，以澄清信息、传播知识、塑造价值，更好地服务于国家利益的实现。公共外交具备四个特征：①公共外交必须是中央政府及其主导下的对外活动。主体必须是一国中央政府或者经由中央政府授权或委托的地方政府、公司、非政府组织、个人。②对象仅仅是海外公众，不是外国政府。③手段：公关、传播、人文交流和援助。④直接目标：影响外国公众态度，推进本国外交政策目标实现。长期目标：塑造形象，确立价值，增强国际公众对该国的认同度，增强一国在国际社会中的软实力。

公共外交关注不同国家公民社会之间的关系。民众跨国交往对外交提出的挑战，是不同文化和价值观之间的关系。公共外交是沟通不同的文明和弥合文化裂痕、架起不同国家民众之间超越文明和文化隔阂的桥梁。公共外交的核心主题是由国家出面，力图解决全球化发展过程中某一文明传统之未来合法性的问题。其长远的历史使命和价值追求是"超越文明的冲突"，在批判基础上接受外来文明，最终在全球社会共同体的视野中，实现冲突文明的创造性转化，确立一种政治文明多样化共同发展的新文明秩序。

很显然，这一解释是在中国崛起的背景下，受国际关系中文明冲突论和世界体系论两大主流理论架构的影响，面临和国际体系的价值观冲突、制度的对立、摩擦的升级情况下，避开颠覆体系，寻求相互缓和的一个措施。从概念而言，它具有时间与空间的局限性，在特定历史条件下才受到重视。但是从传播学的角度而言，公共外交的实践远早于公共外交的概念。

"公共外交的概念晚于公共外交的实践。"① 新中国成立以后，一直使用"对外宣传"来表达中国从事的各种对外传播和文化交流活动。1991 年，中国政府成立国务院新闻办公室，不再提对外宣传中国。2004 年，外交部新闻司成立公共外交处，标志中国官方接纳公共外交。

---

① 韩方明主编：《公共外交概论》，北京：北京大学出版社 2011 年版，第 6 页。

海外华侨华人是开展公共外交的重要依靠力量。海外华侨是指定居在海外保留中国国籍的中国公民。海外华人是指已经加入侨居国国籍的侨民。中国海外侨胞约有 6 000 万，很多是新侨，主要分布在欧美。海外华侨华人对母国的感情割舍不断。分布在居住国社会，他们的言行往往对于拓展中国的海外影响具有立竿见影的效果。他们的移民过程与祖（籍）国及目的地的历史与社会建构进程紧密相连。他们的跨越国界的行为、跨越空间的民族共同体属性以及在居住地的社会化行为不仅体现出移民的文化和国家认同取向，而且会影响移居地对移民祖（籍）国的文化认同。所以，他们既是通过民族情感施展公共外交的对象，亦是公共外交传播影响当地公民的介质，具有双重性特点，是公共外交的重要传播路径。今天，在世界各地分布的 6 000 万华侨华人，在海外有着悠久的移民历史，形成大规模的移民群体，是近代东西方文明碰撞以来形成的中国人多次移民海外浪潮的历史过程的产物，也是中国与国际关系互动的产物。海外华侨华人生活在世界各地，行业分布广泛，既懂中国文化，了解中国国情，又融入当地社会，了解居住国的政治、文化和社会环境，具有"贯通中外"的天然优势，是中国与其居住国之间沟通的重要桥梁和纽带，是公共外交的积极参与者和推动者。文化交流是公共外交的重要载体和有效途径。中华文化是海内外中华儿女共同的精神财富，塑造了中华民族的人文品格和道德风范。从华侨华人路径来看，中国的公共外交被称为"侨务公共外交"，其主体是政府侨务部门（新中国成立后是华侨事务委员会，改革开放之后是国务院侨务办公室），客体是华侨华人，方法是侨务工作方法。中国的侨务公共外交的实践远远早于公共外交概念的诞生。新中国成立之前，中国虽已出现侨务与外交之间的互动，但是尚无公共外交可言。新中国成立后构建了外交与侨务之间的指导与服从关系，才开启中国公共外交的进程。

从新中国公共外交与华侨华人关系发展的历史进程而言，中国公共外交截然分成三个阶段：一是新中国成立后到文化大革命之前，二是改革开放以后到 20 世纪末，三是 21 世纪开始至今。20 世纪 50 年代中期到 1966 年，中国政府主导的通过解决双重国籍问题推进华侨的当地化，消除东南亚国家对中国的恐惧和疑虑，塑造中国和平大国形象，服务于中国在冷战对峙中对帝国主义阵营封锁的突破，构建中国与东南亚国家新型关系。华侨华人成为中国观念与形象的重要传播机制，公共外交形成于 1966 年后，中国经历了十年的文化大革命，"海外关系论"盛行，华侨华人被视为反动势力，公共外交基本停滞。20 世纪 70 年代冷战出现缓和，1978 年中国改革开放，国家核心利益发生重大转变，国家政策的中心也转移到经济建设上来。中国政府号召海外华侨华人服务于中国的现代化建设，通过放宽出国政策和海外引资引智，在国外建立和平、开放的新形象。而在

21 世纪之交，中国崛起，在国际体系中面临的冲突不断。公共外交被赋予了新的使命，即缓和中西对立，增进跨文化交流，在世界上力图改善中国形象，增强国家软实力。

二、1949 年至 1966 年冷战对峙下中国以公共外交构建和平共处外交战略

1949 年新中国成立，伴随而来的却是亚洲冷战对峙局面的逐渐形成。美国构建了遏制新中国的新月地带，尤其是朝鲜战争爆发和印支战争使美国将遏制链扩展到东南亚。新中国面临帝国主义阵营的孤立、封锁与包围，台湾也被美国纳入遏制岛链，存在分裂的危险，新中国外交面临困境。

新中国成立后，按"两大阵营"理论，以社会制度异同来指导外交政策，毛泽东先后制定了"另起炉灶"、"打扫干净屋子再请客"、"一边倒"三大外交方针。但是，"当时中共领导人似乎未考虑到，除了西方资本主义国家和新民主主义国家之外，还有第三种类型的国家，就是以印度、缅甸为代表的新独立的民族主义国家。"① 既定外交政策在朝鲜战争中暴露出它的弱点，而新兴民族独立国家在朝鲜战争中表现出了不同于西方阵营的立场，坚持中立政策。这使中国领导人开始重新评估民族国家的中立政策，开始运用在长期革命斗争中形成的统一战线理论代替两大阵营理论来分析国际形势。1953 年，周恩来总理先后对印度、缅甸提出和平共处五项原则，积极谋求建立新型国际关系。"和平共处五项原则是中共统一战线理论在新形势下的运用。……它意味着要创建一个反对殖民主义反对帝国主义的联盟，以打破美国对中国的遏制"②。

第二次世界大战以后出现的新兴民族独立国家主要集中在亚洲、非洲和拉丁美洲，而与中国国家利益性命攸关的是近邻的东南亚。无论是传统的与中国的关系还是地缘利益，东南亚都成为中国外交的关键，也是突破帝国主义阵营的孤立、封锁与包围的关键。1955 年，在亚非会议上，中国提出了将和平共处外交原则作为新型国际关系准则，但是东南亚国家充满怀疑。

1949 年新中国成立后，继承了规模庞大的海外华侨人口，其中超过 90% 分布在中国周边的东南亚新兴民族独立国家，他们有的已经完全融入当地，有的尚保留中国风俗习惯和国籍。在战后东南亚走向民族独立国家过程中，也伴随着冷战意识形态的对峙，华侨华人难免被卷入其中。再加上华侨华人在当地享有优越的经济地位和生活条件，与当地民族矛盾尖锐。东南亚普遍出现了排华、反华现

---

① 吴东之主编：《中国外交史：中华民国时期》，郑州：河南人民出版社 1990 年版，第 717 页。
② 任东来：《从"两大阵营"理论到"和平共处五项原则"——中国对民族主义国家看法和政策的演变》，载《太平洋学报》2000 年第 4 期，第 93 页。

象，这既是出于民族国家建构的需要，也是冷战下的意识形态斗争。"华侨问题"成为当时中国与东南亚新兴民族国家之间发展外交关系面对的主要障碍之一。

战后东南亚各地纷纷出现的共产主义斗争和反华排华活动使华侨问题扑朔迷离，其中最典型的当属马来亚共产党的斗争。马来亚共产党的骨干和成员多为华侨，他们与英国和马来亚当局展开武装斗争和丛林游击战。东南亚国家对共产主义的恐惧逐渐转移到对华侨的不信任，害怕华侨成为中国共产主义海外传播的载体，向当地输出革命，颠覆东南亚国家新兴民族政权。中国在东南亚的形象直接与东南亚对共产主义的恐惧挂钩。再加上冷战形势下西方舆论的影响，"第五纵队"论调甚嚣尘上，一些东南亚国家纷纷视华侨为中国的"第五纵队"，声称华侨心向中国，时刻准备听从中国召唤；认为中国政府企图通过华侨来渗透、颠覆、破坏乃至开展斗争，推翻侨居国政府，建立"第三个或第四个中国"。双重国籍问题更是加剧了新兴的东南亚国家对华人政治忠诚的怀疑，东南亚国家在民族独立与建设过程中纷纷提出东南亚华侨的"国籍归属"问题，坚持"出生地主义"原则。在新的国家认同的建构中，国籍成为认同与政治忠诚的载体，华侨的双重国籍问题凸显。华侨中表现出不同的认同取向，部分土生华侨加入当地国籍，部分新客华侨则返回中国大陆，但是仍有相当多华侨没有选择国籍。[①]

此外，1949年新中国刚刚成立，台湾国民党在海外华侨中举行反对中国大陆的活动。当时中国大陆与许多国家尚未建交，新中国在国外仍然面临合法性的困扰。在冷战的两极体系中，中国在外交上实行"一边倒"的外交战略，中国完全站在社会主义阵营的一边。台湾国民党在美国的支持下在海外华侨中积极活动，坚持血统主义，拉拢华侨认同台湾政权的合法性。以美国为首的帝国主义阵营加紧对社会主义新中国的封锁，先后与日本、韩国、中国台湾签订了同盟协定，与东南亚国家签订了东南亚共同防御协定，形成了对社会主义的包围。中国的周边安全出现严重危机。

因此，为了推动"和平共处"外交的建立，打破帝国主义的孤立、封锁与包围的局面，中国必须解决"华侨问题"。侨务政策也作出了相应的调整，包括以国家的主权边界厘清华侨的法律身份，规范华侨的社会行为，构建华侨与当地新型的社会关系，以华侨社会为桥梁传递新中国的政策，打消东南亚国家对共产主义和中国的担忧与恐惧，塑造和平共处形象，建立新型的和平共处国际关系。采取的政策主要包括以下三个方面。

（1）1955年亚非会议前夕，周恩来提出"外交指导侨务，侨务服务于外交"

① 汕头市档案馆：S029-1-22，华侨人口、籍贯及分布情况统计表（1962年）。

的原则，它开启了新中国侨务公共外交的大门。华侨华人成为推动公共外交的路径，以侨务推动和平共处外交战略的构建。

（2）国籍政策。1955年，中国政府开始以处理与东南亚国家关系中华侨的双重国籍问题为突破口，向东南亚国家传递了中国的和平意愿，构建中国与东南亚国家的关系，配合中国整体的外交战略。

1955年，中国与印度尼西亚率先签订《关于解决双重国籍问题的条约》，规定同时具有印度尼西亚和中国国籍的人，都应根据自愿原则，在中国和印度尼西亚国籍中选择一种国籍。选择其中一种国籍，即自动丧失另外一国国籍。并指出这一原则也适用于东南亚其他国家。中国放弃"血统主义"，不承认双重国籍，劝导海外华侨自觉归化为居住国公民，与中国脱离政治、法律上的联系，认同当地，效忠当地，促使华侨认同从"落叶归根"转化为"落地生根"。通过双边制度安排明确华侨的国籍归属，界定华侨和非华侨的政治认同和法律身份差异，进而指出政策的界限，规范华侨的社会与政治行为。"如果还是华侨，就应该做一个守法、模范的侨民"，"不参加居住国的政治活动，保持一个华侨的地位"，"华侨与居住国友好相处"。① 通过华侨身份与认同归属的界定来规范华侨的政治、社会行为，来传播中国不干涉内政的和平友好观念和形象。1955年4月19日，周恩来总理在万隆会见西爪哇侨领时指出："诸位要知道，世界上有人对新中国侨民存有戒心，怀疑他们会不会在当地搞颠覆活动。……印（尼）、中两国订立了解决双重国籍问题的条约，就很可以消弭掉这些怀疑。……你们侨居在印度尼西亚的，也应该把印中两国的关系，搞得更加友好才对。"②

（3）当地化政策。新中国成立后到文化大革命之前的侨务政策以推动华侨华人在东南亚当地化为出发点，推动华侨社会转变为当地少数民族华人社会，重新构建华侨华人与当地社会的关系，增进彼此的认识和信任，以消除东南亚国家对红色中国的恐惧和利用华侨华人对东南亚进行颠覆的担忧，进而推动中国与东南亚国家关系的发展，为中国和平共处外交战略开辟道路。通过华侨华人与当地关系的发展传播中国文化，与当地文化进行交流，表明了中国在国际政治中的不干涉内政的外交立场，以服务于外交上突破帝国主义的封锁、包围、孤立和东南亚国家的不信任，最终促成了东南亚国家的"中立主义"的国际政治立场。具体而言，当地化政策又可细分为如下三个方面：

一是华侨社团当地化。1952年，中共中央"关于泰国侨党解散问题的指示"

---

① 周恩来：《做一个守法的模范的侨民》（1956年12月18日），《周恩来统一战线文选》，北京：人民出版社1984年版，第329～333页。

② 《周恩来在万隆接见西爪哇侨领的讲话》（1955年4月19日），国务院侨务办公室编：《党和国家领导人论侨务工作》，侨务工作研究编辑部1992年版，第10页。

等文件明确规定，由华侨进步分子组织的工会、学生会、妇女会、青年会、文化团体等进步侨团，应有步骤地逐渐停止其活动，达到无形解散。对有群众基础及威信、事实上已取得公开合法地位的进步侨团，一般不应解散，但其今后工作必须以福利工作为重点，并向中间群众发展，使他们成为为华侨服务、团结广大华侨、执行华侨统一战线政策的模范，以推动其他社团工作的开展。至于其他一般性的华侨社团，如地缘性、宗族性、行会性、宗教性、慈善救济的社团活动，应按照当地政府的政策、法令办事，在侨居国政府法律允许范围内开展活动。①1953 年 9 月，中共中央统一战线工作部提出《关于资本主义体系国家内华侨统一战线工作与社团工作的若干意见》，规定中国共产党决定不在海外华侨中建立中国共产党的组织，并劝告中国其他民主党派同样不要建立其在海外的支部。现在已经存在的华侨中的党的支部，应经过一定步骤做到最后取消。1954 年 3 月，中共中央批转《关于资本主义体系国家内华侨统一战线工作与社团工作的若干意见》，明确国外侨务工作基本方针已由新中国成立之初的"保护华侨正当权益，为华侨服务，团结多数华侨，打击蒋帮反动势力"发展为"教育侨胞团结爱国，力求在当地长期生存下去"。这一方针到文化大革命之前一直指导着侨务的社团工作。

二是华侨报纸杂志当地化。1952 年 5 月，中共中央制定《关于国外华侨报刊的编辑方针》，指出要以当地大多数华侨为读者对象，宣传祖国建设与成就，用爱国主义精神教育和团结广大华侨，介绍祖国的政治、经济、文化、教育、卫生、侨务等方面的成就，解释《共同纲领》与中央人民政府的各项政策。华侨报纸不应参与当地人民革命运动，不干涉当地内政，不应当成为反对当地政府的言论机关，应与当地人民的革命报纸严格区别开来，不卷入当地人民斗争旋涡，但应保卫华侨正当权益，对于当地政府实施的不利于华侨的政策应以合法形式提出批评。1957 年，中国政府劝导东南亚各国的华侨报纸转变办报方向，以报道当地新闻为主，多刊登当地通讯社消息，把当地通讯社消息放在第一版。华侨报纸与华侨社会联系密切，是华侨生活的一部分，在团结华侨和促进国家关系方面发挥积极作用。同时明确侨胞不干涉内政，消除东南亚各国政府的疑虑。1958 年廖承志在《对华侨报纸工作的指示》中指出"侨胞要坚决实行不干涉内政的方针，我国和侨胞居住国的政府友好关系的建立，华侨报纸在中间起了好的作用"。

三是华侨学校当地化。1953 年 9 月，廖承志为国家侨务委员会起草下发《关于资本主义体系国家中华侨学校工作方针的意见》。华侨学校是各地华侨社团兴办的主要文教事业，是教育华侨子弟的主要机关，也是团结华侨各方面人士

---

① 毛起雄、林晓东编著：《中国侨务政策概述》，北京：中国华侨出版社 1993 年版，第 273～282 页。

的重要工具之一。1956 年，周恩来号召华侨学习当地语言，促进文化交流；侨胞在办报纸、办教育时提倡学习当地语文；不动员大量华侨子弟回国学习，鼓励他们在当地学习；要尊重居住国的法律和风俗习惯、宗教信仰。[①] 教育上推动华侨学校的职能发生变化。从教导华侨子弟学习中华文化转变为以学习和熟悉当地语言文字、历史和地理为主，尊重居住国文化。在此前提下学习一定中文课程，利于沟通交流，增进友谊。

中国政府利用华侨在东南亚建立中国的形象，通过双重国籍问题的解决，促使华侨归化当地，向东南亚传递了中国和平外交的理念，破解了"第五纵队"的说法和其对共产主义威胁的恐惧。华侨华人在新中国的公共外交中开始发挥重要作用，国家开始通过华侨华人向东南亚国家传播中国的信息，从而塑造新中国的国家形象，服务于外交目标。侨务政策推动和平共处外交发展成为公共外交。通过华侨社会"三宝"——华侨社团、华侨传媒、华侨学校——的当地化来缓解东南亚对"华侨问题"的敏感和对新中国的恐惧，向东南亚国家传递中国的和平共处原则，是文化大革命之前中国对东南亚公共外交的主要内容。它形成了新中国公共外交的以华侨社会"三宝"为主要内容的重要侨务机制，也形成了侨务服务于外交的制度架构。

三、1978 年至 20 世纪 90 年代末中国以公共外交构建中国特色发展模式

进入 20 世纪 70 年代后，冷战的局势出现缓和趋势，国际上形成了中美苏战略三角，中国在国际社会的发展迎来了新的契机。中美建交并发表联合公报使中国在国际冷战中的地位出现变化。中国也适时调整外交和发展战略，中央判断难以出现世界大战，同时中国在国际社会上的地位日益提升，联合国承认了新中国的合法席位，台湾被逐出联合国。而国内也结束了长达十年的文化大革命，破除了"两个凡是"，解放了思想。1978 年，十一届三中全会确立了改革开放的基本国策，党和国家的工作重心转移到经济建设上来。20 世纪八九十年代是党和国家历史发展的重要时期，社会主义现代化建设加快，对外开放、对内搞活经济的政策得到坚定不移的执行。1978 年 1 月 4 日，廖承志在《人民日报》上撰文《批判所谓"海外关系"问题的反动谬论》，指出侨务工作与外交工作密不可分的特殊性，须从外交工作的角度来认识侨务工作。华侨居住在国外，侨眷和归侨居住在国内，他们之间有经济、通信、来往探亲的密切联系，这种跨越民族国家

---

① 周恩来：《做一个守法的模范的侨民》（1956 年 12 月 18 日），《周恩来统一战线文选》，北京：人民出版社 1984 年版，第 329～333 页。

边界的跨域联系成为新时期公共外交的重要路径。中国公共外交的重心应转移到传递改革开放政策新信号、构建和平与开放的新形象上来，搭起向国外学习和交流的桥梁，服务于国家经济建设。因此，需要重新建立与国外华侨社会的联系，开放出国移民政策，引资引智。

当时分布在海外的 3 000 万华侨华人是一支很重要的力量。他们拥有大量资金，又有许多专门人才，懂科学技术，擅长经营管理。廖承志将海外华人专家分为三类：第一类，20 世纪 50 年代出国的留学生，在国内上过中学、大学，对中国感情深厚，愿意为四个现代化建设服务；第二类，20 世纪 60 年代从中国台湾和其他国家出去的华人，出生在大陆，民族感情很强，愿意为中国现代化服务，应加强这部分人工作；第三类，是在外国生长的第二代、第三代，接受外国教育，对中国不了解，但对祖国故乡有点向往，对中国友好。而且他们在居住国都有一定社会联系，著名人士有更大影响。中国审时度势，因势利导，珍惜他们对中国故乡的感情和民族情感，积极争取，调动他们的积极性，使他们在中国的四个现代化建设中发挥重大作用。所以，做好华侨华人的工作，使他们了解党和国家政策，了解中国越来越好的政治经济形势，并不断向世界传播，对于扩大中国的政治影响，争取更多国际友人，促进中国同有关国家的友好往来和经济合作，可以起到别的方面无法比拟的作用。

具体而言，中国在这时期为做好华侨华人工作而采取的政策有以下三方面：

（一）重新开放出国移民政策

20 世纪 70 年代末，欧美等西方国家兴起多元文化主义，移民政策趋于开放，族群政策趋于平等，没有专门针对华人的歧视性法律，社会环境较为宽松。同时，中国的改革开放政策也逐渐放开了对出国移民的限制，以加强与世界的联系。新移民的主要目的地从"南洋"转向欧美，移民的方式也以知识分子留学移民为主。1978 年以后，中国大陆开始大量派遣海外留学生，目的地主要是美国、加拿大、澳大利亚、日本和西欧等经济发达国家。大部分学生学成后留在当地并取得长期居留权或入籍，成为华侨华人，他们构成了新移民的主体。新移民知识层次高、适应能力强，在经济、科技、文化等领域贡献突出，在主流社会的地位不断提升。近年来，更有越来越多的海外华人参政。华人社团、中文学校、中文报刊传媒日益增多，华人在当地的活动日趋活跃，族群内部的联系与凝聚力不断加强，对海外华人社会及居住地与中国的关系产生了积极影响。在北美，科技、文化等专业社团不断增加，出现了中国旅美科技协会、中国旅美工程师协会、美中工商协会、中国旅美专家教授联合会、中国旅美金融协会等近 30 个专业团体。1995 年成立的全美中文学校协会，其会员学校已发展到 150 多所，注册

学生和家长 4 万多人，其中绝大多数会员学校由新移民创办。中文学校不但传承中华文化，也是移民结社的主要形式。北美新移民的报刊《新大陆》（*New Continent*）于 1993 年 10 月在西雅图创刊，成立时就面向全美发行。1994 年在洛杉矶创刊的《中国导报》（*China Guide*）是一份有中、英两种版本的周报，也面向全美发行。同时，新移民与中国大陆依然保持较亲密的联系，在当地也经常举行中国文化活动，传播中国文化，引来当地居民甚至地方首脑参加，增进认知、交流和理解。新移民熟悉居住国法律法规，了解中国的政治和经济，往返于祖（籍）国与居住国之间，促进双边交流和中外关系，成为中国公共外交中一支可以依靠的重要力量。

（二）引资引智，传递改革开放政策新信号，形成中国渐进式发展模式

中央通过立法对华侨和港澳同胞、台湾同胞等在大陆投资给予优惠待遇，华侨华人也是引进人才的重点。台资、港资、华侨资本在中国的发展逐渐带动了外资企业发展，以点带面，促进改革开放，不断向国外传递中国改革开放政策新信号，并为中国经济建设作出重要贡献，这是中国特色发展模式的重要组成部分。中国引资引智的形式是多样的，按照不同情况，可以安排适当工作，发挥专长；可以邀请讲学，参加科技交流会，或与国内科学家合作研究一些项目，可以向祖国提供科学技术资料；鼓励侨胞回国投资，投资方式多样化，建立"中国投资公司"，华侨将资金投入公司；兴办合营企业；开展"三来一补"的补偿贸易。投资原则为自愿互利，适用于港澳同胞和中国血统外籍华人。改革开放以来，中国的渐进式改革开放道路取得了巨大的成就，经济高速发展，政治局势稳定，并对新兴国家的发展产生重要影响，引起他们的纷纷学习和效仿。中国的成功经验在国际社会上被称为"中国发展模式"，并已成为中国在国际社会中的软实力。

（三）执行相关的侨务工作政策

（1）重新建立通信关系，鼓励侨乡多与国外亲友进行书信联系。提倡与国外华侨恢复、加强、巩固这些联系，宣传中国的改革开放政策，促进他们了解中国政策的变化，推进新时期的侨务公共外交。

（2）组团出访是侨务部门工作的一种形式，可以拓宽工作渠道，加强交流与联系，促进合作与信任，帮助理解改革开放政策。组团性质多为文艺团体、科技团体。

（3）对北美华侨华人工作要多搞些宗族性会馆、同乡会、联谊会、文化中心之类的组织。这些社团组织可以只认民族、不问国籍。"中央书记处领导强调

要大做同乡会的工作"，"同乡会这个武器要大大运用"①。同乡会成为海外华人联系的纽带，使海外华人在地域、血缘基础上在当地形成一股力量，通过与祖籍地侨乡的联系和在当地的联系发挥公共外交的作用。

（4）扩大大众传媒传播。中国新闻社一直致力于争取海外不同层次的华侨华人及时地报道祖国消息；宣传祖国统一的必要性和实现统一的好处，鼓励有关促进祖国统一的言行；把华侨社会各种活动、情况适当地反映出来，也报道一些香港、台湾的消息，这对台湾回归祖国、和平统一有很大的作用。展开针对性宣传教育，宣传祖（籍）国，宣传中国和华侨居住国友好。此外，在美国建立一个文化中心，搞多种经营，报纸、电影、录像、图书都有，还可为智力引进当"红娘"。1989 年 4 月 21 日，李鹏于《在总理办公会议上听取侨务工作汇报时的指示》中指出，要加强对华侨、外籍华人的宣传工作，包括对留学生的宣传工作……可以采取加强对外供稿以及录音、录像的制作和供给，赠送书刊，还可以采用开招待会、放电影等办法。要办好对外发行的报纸，特别是《人民日报》海外版。香港的《大公报》、《文汇报》，虽然同香港居民口味有些不同，但代表我们的观点，有政治影响。②华文大众传媒在公共外交的国际传播中被视为一条重要的路径。

（5）成立海外人民友好交流协会。1989 年 12 月 18 日，江泽民总书记在第四次全国归国华侨代表大会上"同意侨办挂一个民间机构的牌子……可以用'中国人民海外友好交流协会'这个名称"，以非政府组织的跨界联系推动公共外交。中国海外交流协会成立于 1990 年 11 月 20 日，是由国内各族各界人士组成的全国性民间团体。协会以"广泛联系海外华侨、华人及其团体，增进友好情谊，发展合作交流"为宗旨，致力于促进海内外经济贸易、科学技术、文化教育、新闻传播、旅游观光、体育卫生、社会福利等领域的合作与交流。在为国内引进资金、技术、人才，开展对外经贸合作、文化交流和对外宣传，以及同海外华侨华人联谊交友等方面，都做了大量工作，取得了很大成效。协会成立以来，会同有关部门组织各种对外经济技术合作洽谈会，派遣文艺团组到世界各地慰问演出，派医师考察团赴海外义诊，多次举办大型图片展，录制大型文献纪录片，邀请海外华人艺术团来华交流演出，邀请海外华文教育组织和华文报刊记者组团来国内考察访问，接受捐赠的大量救灾款和援建希望小学。

侨务工作历来是党和国家一项长期和重要的工作。随着我国国际地位的提升

① 廖承志听取国外侨务工作汇报时的讲话，1981 年 4 月 10 日，载国务院侨务办公室编：《党和国家领导人论侨务工作》，侨务工作研究编辑部 1992 年版，第 313 页。

② 李鹏：《在总理办公会议上听取侨务工作汇报时的指示》（1989 年 4 月 21 日），载国务院侨务办公室编：《党和国家领导人论侨务工作》，侨务工作研究编辑部 1992 年版，第 350～351 页。

以及社会主义现代化事业的向前推进，中国需要更加了解世界，世界也需要更加了解中国。广大侨胞遍布世界五大洲，对于帮助世界人民了解中国、树立中国特色社会主义的形象可以起到积极的作用。中国特色社会主义形象的塑造与传播成为新时期中国公共外交的重要目标之一。华侨华人在中国社会主义现代化建设中扮演重要角色，是中国特色社会主义发展模式的建设者之一，是中国模式的重要组成部分，是"中国模式"软实力的推动力量之一。

四、20 世纪 90 年代末以来和平崛起下以公共外交构建国家软实力建设

全球化的时代背景下，民众的跨国交往日益频繁，对传统外交提出了挑战，国际社会软权力（又译为"软实力"）与认同的重新塑造恰是应对该挑战的出路。公共外交的目标是增强一国国际社会软实力。20 世纪 90 年代之后，经历了20 年左右的改革开放，中国经济稳步发展，逐渐在国际社会上崛起，步入世界大国行列。但是冷战遗留下来的与资本主义世界体系的冲突并未随着冷战的终结而消失，"中国威胁论"也再度抬头，跨国交往在中国融入国际体系过程中不时遇到挫折，这种挫折既反映了意识形态与价值观的冲突，也反映了制度的摩擦。架起跨越冲突与对立的桥梁，是新时期中国公共外交的职责。中国以公共外交构建国家的软实力，积极参与全球化进程和增进彼此的认知与互信，在国际社会注入中国特有的文化理念和价值观，推动政治、经济、文化等全方位的国际合作，实现和平崛起的发展战略，为自己的发展争取和平的环境，同时也以自己的发展维护世界和平，最终实现中华民族的伟大复兴。

但是，国际社会中软实力竞争激烈，提升中国软实力成为中国实现中华民族伟大复兴、实现国家和平发展的当务之急。党和国家已经把提升国家文化软实力作为实现中华民族伟大复兴的新的战略着眼点，文化软实力作为现代社会发展的精神动力、智力支持和思想保证，越来越成为民族凝聚力和创造力的重要源泉，越来越成为综合国力竞争的重要因素。一个民族的复兴，必须有文化的复兴作支撑。实现中华民族的伟大复兴必然伴随中华文化的繁荣兴盛。而繁荣兴盛中华文化，必然以提升我国文化软实力为根本途径。

随着中国经济的崛起，中国的文化产业应该在推进自己的文化、价值观和生活方式方面有更多的作为，自觉实现民族文化现代化的转换。要大力推进民族文化创新工作，加大制度创新力度，加快构建文化国际传播体系，使我国悠久的历史、灿烂的文化通过各种媒介传播到世界各地。当前在世界各地分布的 6 000 万华侨华人，活跃于居住地的政治、经济、社会、文化等领域，甚至于国际舞台，同时和祖（籍）国有着密切的联系。他们是构建中国软实力的独特力量，在中

国软实力形成和发展中发挥重要作用。华侨华人对中国的文化认同与民族情感是中国文化在海外发扬光大的前提和基础，而得以延传的中华文化就是中国软实力的重要因素。①

华侨华人是中华文化在海外的载体，中国的崛起改善了华侨华人在当地的处境，巨大的发展潜力也吸引了华侨华人。中国与海外华人社会的文化交流与互动增强，使中华文化在世界范围内更广泛地传播。华侨华人在弘扬中华文化并积极推动中华文化向世界传播中发挥积极作用，使中国的价值观念和价值体系逐渐为世界所了解。

具体而言，中国在20世纪90年代末以来以公共外交构建国家软实力而采取的政策有以下四个方面。

（1）扶持海外侨胞自主创办的各类文化团体，加强华星书屋、华星影库的建设。现在海外华侨华人社团有9 000多个，其中世界性的、影响较大的团体有几十个。在日常生活中，华侨华人把中华民族传统文化融入华侨社会建设，每逢中国传统节日，社团都会主办大型文化活动，吸引当地居民。它最为直观、形象地传播了中国文化。

（2）举办"海外华文媒体高级研修班"，邀请海外华文媒体来华采访，引导他们正确认识中国国情、社情和民情，正确地在国外报道中国的消息。

（3）建设华文学校、孔子学院，复苏华文教育，提供教材、师资、交流。语言是文化传播最基本也是最直接的载体，教育是实现语言、文化传播的重要途径。中国政府成立"华文教育基金会"，以加强海外华文教育，并在世界各地扩建孔子学院。截至2013年底，全球已建立440所孔子学院和646个孔子课堂，分布在120个国家和地区。②

（4）文化交流是公共外交的重要组成部分。2011年10月21日，李海峰在全国侨务工作会议上表示，"在中国与世界联系日益紧密的新形势下，加强侨务公共外交，增进侨胞住在国民众对中国的亲近感，提升中国的国际形象，是侨务工作的重要开拓方向"③。她指出，要针对外界关注的热点问题，鼓励侨胞通过所见所闻，向当地主流社会全面、真实地介绍中国。"文化交流是公共外交的重要组成部分。"李海峰表示，国务院侨务办公室将通过组织丰富多彩的活动，将"文化中国"打造成感知中华文化的知名品牌。努力丰富海外侨胞的文化生活，

---

① 陈传仁：《海外华人的力量：移民的历史和现状》，北京：世界知识出版社2007年版，第11页。

② 关于孔子学院/课堂，参见国家汉办网站，http：//www. hanban. edu. cn/confuciousinstitutes/node_10961. htm。

③ 李海峰：《加强侨务公共外交　提升中国国际形象》，参见国务院侨务办公室网站，http：//www. gqb. gov. cn/news/2011/1021/24259. shtml。

加强"华星书屋"、"华星影库"建设，扶持海外侨胞自主创办的各类文化团体。从2009年开始，国务院侨务办公室着力将春节打造成在海外弘扬中华优秀文化的重要平台，开展"文化中国·四海同春"慰侨演出活动，被侨胞誉为"海外春晚"。国务院侨务办公室还会同云南、四川省政府在海外举办"文化中国·七彩云南"、"文化中国·锦绣四川"等系列文化活动；在"文化中国"品牌之下，持续开展"名家讲坛"、"中华才艺"、"中华医学"、"中华美食"等特色文化活动。李海峰指出，国务院侨务办公室将邀请海外华文媒体负责人和编辑记者参加"海外华文媒体高级研修班"，邀请海外华文媒体来华采访，引导他们正确认识中国国情、社情和民情。

国务院侨务办公室主任裘援平在2014年6月举行的"第七届世界华侨华人社团联谊大会"的开幕报告中说，海外侨社是侨胞在住在国生根发芽、开枝散叶的共同家园，是维系民族情感、故土情怀的重要依托。"它好比一棵参天大树，以博大精深的中华文化为土壤，以组织健全的华人社团为枝干，以传承教育的华文学校为根系，以表达侨声的华文媒体为叶片。和谐的氛围好似清新的空气，只有沐浴和煦的春风，这棵大树才能根深叶茂、茁壮成长，海外侨胞才能安居乐业、生生不息。"她指出，国务院侨务办公室和中国海外交流协会倡导建设"和睦相融、合作共赢、团结友爱、充满活力"的和谐侨社。她呼吁各位侨领以身作则、率先垂范；各类侨团同舟共济、携手并进；各国侨胞宽容谦和、团结互助，与住在国民众和睦相处、休戚与共，形成和谐侨社人人共建、人人共享的生动局面。

事实上，从2009年开始，中国国务院侨务办公室与中国海外交流协会将已开展25年之久的春节慰侨访演正式定名为"文化中国·四海同春"。2012年春节期间，5个"文化中国·四海同春"艺术团分赴欧洲、非洲、大洋洲、北美洲和南美洲进行访演，在13个国家和中国（包括港澳地区）的27个城市演出共30场。以文化交流传播中华文化，塑造中国国家形象和价值观念，提升文化软实力。

此外，针对外界关注的热点问题，鼓励侨胞通过所见所闻，向当地主流社会全面、真实地介绍中国。华侨华人的人际传播仍是公共外交的重要路径。1999年初，江泽民总书记指出，在21世纪，要实现现代化和中华民族伟大复兴，就必须把各方面的积极性充分调动起来。而分布于世界各地的广大海外同胞便是我们了解外部世界的重要渠道和开展国际民间友好事业的重要促进力量。

2011年8月10日，时任国务院侨务办公室主任、中国海外交流协会常务副会长李海峰会见美加参政华人访问团全体成员，赞赏他们为维护选民权益，促进所在选区乃至美加两国的繁荣发展，推动中美、中加两国和两国人民往来合作所

作出的积极贡献。希望侨胞像热爱祖（籍）国一样热爱并珍惜住在国的人民，为他们作出更多的贡献，并且为促进两国友谊起到桥梁作用。美国商务部商业咨询委员、国际领袖基金会主席董继玲女士表示，访问团成员看到了四川地震后重建的成果，也了解了西藏在经济建设方面的发展，成员们会把这些信息带回住在国，让住在国人民更加全面地了解中国。广大海外侨胞参政意识日益增强，在住在国的政治地位和影响不断提升，在积极推进中国与主要大国关系、促进中国与世界各国人民友好交往中，发挥着重要而独特的作用。广大海外侨胞爱国爱乡，在维护和促进祖国统一、实现国家核心利益等方面，发挥着重要而独特的作用。广大海外侨胞遍布世界各地，在提升中华文化国际竞争力和影响力、改善外部舆论环境、增强国家文化软实力等方面，发挥着重要而独特的作用。

总体而言，华侨华人负载着特殊的中国属性，被嵌入中国与其居住国之间的双边关系，包括民间外交、官方外交、公共外交。中国改革开放以后，公共外交的华侨华人路径得到有效发挥。他们既在居住国塑造了中国的开放、和平形象，又搭起中国与国外联系的桥梁，服务于国内建设，传播中华传统文化。在机制上仍然是以传统的回国观光访问、科技文化交流、华侨教育、华侨媒体、华侨社团为主。公共外交的目标转向传播中华文化，塑造中国开放、和平形象，目的地重心转向欧美华侨社会。

五、小 结

纵观新中国公共外交与华侨华人关系的历史演变，可以发现华侨华人是中国推行公共外交的一支重要力量，是公共外交的路径之一，具有其他路径不可替代的作用。受冷战对峙的缓和及冷战后国际秩序的影响，新中国的公共外交先后经历了三个时期：1949年至1966年的服务于构建和平共处外交战略，解释外交行为、原则；1978年至20世纪90年代末的公共外交构建中国特色发展模式；20世纪90年代末以来的公共外交构建国家文化软实力。公共外交在国际政治中发挥着解释、传播、塑造的功能，并且形成了中国侨务公共外交的机制：

（1）华侨华人既是中国公共外交的传播对象，亦是中国公共外交的传播介质。华侨华人的跨国界行为突破了传统国际关系对国际行为体的界定，其多重属性在国家利益、形象、观念的传播与塑造中被赋予重要意义。

（2）华文教育、华文传媒、华人社团是华侨华人社会的"三宝"，是中国侨务公共外交中一直发挥作用的重要机制。它既使华人社会在当地维持其华人属性，传播中华文化，同时也构建起其与中国的关系。

（3）新时期的非政府组织是推进国家利益、形象、观念传播，增进交流与共识的重要工具，中国海外交流协会搭建的中国与海外交流的桥梁在中国公共外交中发挥重要作用。

（4）文化交流是公共外交的重要组成部分，传播中华优秀传统文化，塑造中国在国际社会的软实力，消弭国际社会的意识形态与价值观念冲突，是中国和平崛起道路上国家软实力的重要内容。

但是华侨华人在公共外交中发挥作用是有边界的，不可逾越的。20世纪五六十年代冷战对峙下形成的侨务—外交机制，给华侨社会带来了严重的影响，使华侨社会落地生根转变为华人社会，经历了"去中国化"的进程。所以，侨务在公共外交中发挥作用的同时也仍需维持独立性、自主性，培育侨务资源，构建侨务公共外交的同时，必须考虑华侨华人在当地的生存及其与当地社会关系的和谐，这样侨务公共外交才具有可持续性。

第二编　东南亚的实证分析

第三章　中国和平崛起时代的海外华侨华人社会与公共外交：东南亚的实证分析（Ⅰ）[①]

　　作为海外华侨华人数量最为庞大和居住最为集中的地区，东南亚地区是我们研究和分析华侨华人与中国公共外交之互动的最重要的区域之一。近年来，随着中国在国际社会经济和外交上的和平崛起，它与周边国家的关系越来越密切，但也出现一些摩擦和争端。这需要我们从全面的和比较的角度来了解公共外交的作用和地位。

　　东南亚的个案主要分为两大部分。第一是分析中国的崛起与东南亚社会，尤其是当地华人社会的反响，以便我们有的放矢，对不同的政治、社会和族群展开不同的公共外交。第二，以新加坡为例，分析当地华人对中国以及移居新加坡的新移民的看法，并进而说明华侨华人在公共外交中的不同作用和角色。在政策机制上，我们应制定不同的重点和方向。

　　本章将主要回答两个问题：第一，中国的崛起对东南亚区域及当地华侨华人社会（为使行文简洁，本章"华侨华人"也统称为"华人"）所造成的影响；第二，在这样的背景之下，东南亚华人社会出现哪些变化、面临怎样的机遇和挑战？具体来说，这些问题涉及三个不同但又密切相关的主体：东南亚华人社会自身；东南亚华人所在国的政治、社会、经济和文化环境；中国的角度和立场。从以上三个不同角度来看，这三者之间的互动——即三者之间都有自身的利益与考量——或这三者势力交汇的结果，无论是政策上或现实进程中都可能会与三个主体的最初设想有些差距。本书尝试探讨存在哪些差距以及为什么产生这些差距等问题，并从政策的角度思考如何将我们的学术研究成果转化为公共外交政策，从而推动东南亚华人社会及其与中国关系更好地发展。

　　[①]　本章执笔人：刘宏。

一、公共外交的制定和实施背景："跨界中华"的形成与东南亚经济和社会

关于中国的崛起，目前国外学术界已有大量的研究。[①] 从统计数据上看，近十年来中国经济地位变化显著，已经成为世界最大的制造业国家，2010 年，中国成为世界第二大经济体。中国在全球 GDP 中所占的比重也从 1990 年的不到 2% 上升到目前的近 9% 。中国在世界产品出口方面的比重也相应增加。中国经济的增长，每增加一个百分点，就给国际经济带来 0.1% ~ 0.4% 的变化。从全球的角度来看，"中国崛起"高居国际新闻报道里过去 10 年间世界最受关注的新闻话题之榜首，共出现 3 亿多次[②]。这间接地展现了中国的影响力。换言之，中国的崛起已成为当今世界政治、经济、外交所要面对的最重要课题之一。

总的来说，中国与东南亚国家（包括"东盟"）的关系一直迅速发展，中国成为东盟最重要的贸易伙伴之一。这种贸易关系也包括中国对外的直接投资。过去中国是 FDI（对外直接投资）的主要接受国，但从 21 世纪初开始，中国就积极采取"走出去"的战略，加大对外直接投资的速度和力度。这种投资可分为两部分：一是大型国有企业的资源型投资，如煤矿、铁矿、石油等重要自然资源，这些投资大部分集中在非洲、拉丁美洲这些发展中国家；二是中小型企业的投资，集中在中国的周边国家。具体来看，在中国同马来西亚的贸易中，从 2009 年到现在，中国都是马来西亚的第一大或第二大进口国或出口国。这也直接地有助于当地经济以及华人社会的发展。马来西亚总理纳吉的前任中国事务秘书胡逸山表示，中马两国的贸易关系大部分都是经过马来西亚华人社团建立起来的。在马国的槟州，我们也能看到越来越多来自中国的资金。例如，目前当地正在建造的一座大桥的部分资金就是来自中国政府提供的低息贷款。这座大桥总投资 14 亿美元，全长 24 千米，建成后将成为东南亚最长的大桥。[③]

尽管国际上对中国的崛起有不同的解读与反响，但东南亚当地人士大多认

---

① W. Keller and T. Rawski, eds, *China's Rise and the Balance of Influence in Asia*, Pittsburgh：University of Pittsburgh Press，2007；R. Ross and Zhu Feng，eds，*China's Ascent：Power，Security，and the Future of International Politics*，Ithaca：Cornell University Press，2008；P. Evans，Getting Global China Right，*Pacific Affairs*，2009，Vol. 82，No. 4，pp. 677 – 686；Peter J. Katzenstein，ed，*Sinicization and the Rise of China：Civilizational Process Beyond East and West*，London：Routledge，2012；The Special Issue on "Understanding China's Rise"，*Journal of Contemporary China*，2010，Vol. 19，No. 64.

② 据全球语言监测机构通过全球互联网和博客等社交媒体以及 75 万家纸质和电子媒体的内容，统计出过去 10 年间最受关注的新闻话题榜单。有关中国崛起的报道迄今已出现逾 3 亿次，高居榜首。人民网，http：//media. people. com. cn/GB/40606/14576734. html，2011 年 5 月 8 日。

③ Jennifer Pak，Will China's Rise Shape Malaysian Chinese Community?，http：//www. bbc. co. uk/news/world – asia – 16284388，2011 年 12 月 30 日。

为，机遇大于挑战和问题。马来西亚前首相阿都拉·巴达威在 2004 年说，中国"是当今世界上最高层次的一个财富创造者。（马来西亚与中国的）政治的和社会的联系肯定随之产生。因此，我们应该利用各种机会加强与中国的联系"①。拥有 110 余万名成员的马华总会的理事黄思华明确表示："中国的崛起使我们有了更好的机会。"②

中国的崛起对东南亚而言有着经济和文化的双重含义。首先，它为东南亚民众尤其是华人创造了新的机会。马来西亚联合机械集团有限公司主席林嘉水说："随着中国经济进一步开放，马来西亚华人已经开始逐渐成为一个桥梁，因为他们很多人都曾经在美国或英国接受教育，同时又可以理解汉语和中国文化。"他的公司在中国设有工厂，聘用马来西亚籍或新加坡籍的华人担任中层管理人员。"多少人能够既说普通话，又能说多种方言，还能说马来语和英语呢？绝大部分马来西亚华裔就有这样的语言能力。"③其次，中国国家影响力的扩大也带动了中华文化的海外传播。中国政府在世界各地建立了 440 所孔子学院，东南亚国家目前共设立 30 多所孔子学院与孔子课堂，中国已向东盟 10 国派遣汉语教师志愿者超过 5 062 人，共有 6 万多名学生在里面学习，15 万人参加相关的文化活动。孔子学院虽然是个很小的机构，但放在东南亚社会、文化、政治的脉络来看，其所产生的政治或文化等相关影响力已超出了孔子学院本身作为一个文化机构的功能。此外，越来越多的东盟学生选择到中国留学。2002—2004 年间，不同国家的年增长率在 19% 至 119% 之间（2009 年，有 34 735 名东盟学生在华留学；中国在东盟国家的各类留学人员已达到 68 510 人④）。中国的大众文化在东南亚也有了一定的市场。马来西亚新闻部副部长林祥才在 2004 年说："中国的《雍正王朝》和《走向共和》等许多电视连续剧已经在我们国家电视台播出，它们受到广大马来西亚人民的喜爱。"⑤

在印度尼西亚，苏哈托执政期间（1967—1998），印度尼西亚与中国关系并不密切，并禁止华文和华语的使用。但苏哈托下台后，印度尼西亚对中国采取新

① Denis D. Gray, China's Reach Extending to Southeast Asia, *The Seattle Times*, April 29, 2004.
② 尹鸿伟：《东南亚华人努力扮演新角色》，《南风窗》2004 年第 19 期，第 78~80 页。
③ Jennifer Pak, Will China's Rise Shape Malaysian Chinese Community?, http://www.bbc.co.uk/news/world-asia-16284388, 2011 年 12 月 30 日。
④ M. A. Glosny, Stabilizing the Backyard: Recent Development in China's Policy Toward Southeast Asia, in Joshua Eisenman, Eric Heginbotham and Derek Mitchell, eds, *China and the Developing World: Beijing's Strategy for the Twenty-First Century*, Armonk: ME Sharpe, 2007, pp. 150-187；《第二届"中国—东盟教育交流周"6 日在贵阳开幕》，http://www.gov.cn/jrzg/2009-08/06/content_1384999.htm, 2009 年 8 月 6 日；《孔子学院：中国文化拥抱世界》，《人民日报》，2012 年 8 月 10 日；国家汉办网站，http://www.hanban.edu.cn/confuciousinstitutes/node_10961.htm.
⑤ 尹鸿伟：《东南亚华人努力扮演新角色》，《南风窗》2004 年第 19 期，第 78~80 页。

的立场，全面扩展对华的经济、社会和文化关系。印度尼西亚教育与文化部的一名局长在 2008 年公开表示，"现在印度尼西亚人需要学习华文，因为中国是经济高速增长的国家"。一个 16 岁的印度尼西亚中学生说，"我认为中文对我很重要，因为我听说过中国与印度尼西亚将实现自由贸易。所以，我想肯定有中国商人到印度尼西亚来，我希望能和他们沟通"。①

在这种经济和文化关系日益密切的大环境之下，中国和东南亚的外交和政治关系也出现了制度化的趋势，如在"东盟＋1"、"东盟＋3"、"东盟＋6"等不同机制中，中国都成为重要的机制伙伴，尤其在部长级层面。②

简言之，过去 20 年来中国与东南亚的关系日益密切，涵盖了经济、政治和文化领域。从族群和文化的角度来看，这些联系及其制度化推动了"跨界中华"的产生与初步发展。它可以说是杜维明教授过去所提出的"文化中国"的延伸。在这里，"中国"已经不是一个民族国家的简单含义，而是作为一种文化象征，乃至于海外华人的祖籍地——所谓海外华人，包括落地生根的一代，也包括近 10 年到东南亚的新移民，前者是华人，后者大部分是华侨。他们有着不同的政治认同和国家认同，但对中华文化的热情和华人世界内部的社会互动大多持有正面的态度。据 2006—2008 年的一项针对东南亚地区的大规模跨国问卷调查，东南亚华人对中国的态度比对其他族群更为正面。③

笔者认为，可以从两个层面对"跨界中华"进行界定和解析。它首先是一个不断演进的过程、机制以及观念体系，中国借此与外部世界（包括华侨华人）展开多元的互动进而影响国内的变迁。它同时也是一种研究取向，所关注的是人员、资本、货物和"社会汇款"（Social Remittance，包括观念、规范、实践、认同等），在跨越不同地理、社会、文化和政治场域之间的流动。在这种日益密切的社会、经济、政治、文化的交往之下，它已形成了一种超越边界的现象，而这种现象既是一个过程，也可作为学者思考、研究问题的角度。这个角度所关注的问题，不仅局限于特定国家内部的问题，同时也关注到跨越国家边界的人口、资本、货物、规范、实践、认同等种类的流动中出现的问题。

"跨界中华"是中国的公共外交在东南亚展开的重要背景。它既带来机会也带来挑战。就机会而言，中国与东南亚社会、经济、政治和文化的密切交往和联系为推动公共外交创造了大量的空间和机制，使中国的软实力能够通过各种渠道

① Wong E. , Indonesians Seek Words to Attract China's Favor, *New York Times*, May 1, 2010.

② 详见 D. C. Kang, *China Rising: Peace, Power and Order in East Asia*, New York: Columbia University Press, 2007.

③ 王正绪、杨颖：《中国在东南亚民众心目中的形象——基于跨国问卷调查的分析》，《现代国际关系》2009 年第 5 期，第 53 ~ 62 页。

（从经济贸易、教育、旅游到流行文化）展现出来。就挑战而言，中国在东南亚的大规模和全面的存在也造成了部分当地人士的焦虑感和不安，而部分中国公民的丑陋形象可能会被放大。与此同时，华人身份再度成为当地社会关注的问题，并可能被政治化。而外部势力（尤其是美国）的卷入使得局势更为复杂。所有各方——中国政府、当地政府和民众、东南亚华人（包括新移民）——都需要谨慎面对新的形势，将机会最大化，将危险最小化。

二、公共外交的对象：东南亚华人社会及其变迁

华侨华人既是公共外交的受众，也是主体的组成部分之一。中国的崛起对东南亚华人社会所造成的影响及后者所产生的变化是非均衡性的，不同国家出现着不同现象。这种差异产生的背景与东南亚政治以及华人社会自身的特点有着密切关系。以马来西亚华人社会为例，马来西亚华人社会素来拥有完整的基本体系，即华人社会三大支柱：社团、学校、报刊，这个体系一直存在至今并发展繁荣。检视印度尼西亚方面，却有所不同，尤其在苏哈托执政时期，不可能有华校也没有中文报刊，华文传统完全被连根切断。而新加坡的华人社会发展则是在英文主导的语境下进行的。

笔者认为，谈到中国崛起对东南亚华人社会的影响时，有四个现象可以作为初步的学术和政策课题来思考：一是中国与东南亚区域华人社群的联系的加强，包括在深度、广度及频度上。二是东南亚国家（如印度尼西亚、菲律宾、泰国）一部分土生土长的华人的"再华化"现象。三是新移民与当地出生的华人之间又存在着错综复杂的关系。四是由于复杂的历史和政治原因，当地华人社会也面临新的挑战，包括当地华人的政治效忠、华人与祖籍国的关系以及当地人士对中国政策的看法。下文将对以上四个现象进行详细论述。

第一，如前所述，近10年来中国与东南亚区域的联系日益加强，进一步推动了东南亚华人社会的多元性和韧性。它也使华人的地位获得政府和社会更大的重视。例如，马来西亚贸工部部长拿督斯里慕斯达法在2011年9月指出，本地社团（客家公会、海南会馆、潮州会馆等）与中国的联系有助于马来西亚与中国的经济关系。①从人数上看，除了当地华人社会的人口自然增长之外，近20年来出现了大量的中国新移民。据估计，截至2007年，东南亚华人与华侨总人数为3 348万，占东南亚总人口的6%。而改革开放后到东南亚的中国新移民人数有

---

① 《贸工部拟与籍贯团体合作吸引中国宗亲投资》，《中国报》，2011年9月10日。

250 多万①。新移民的增加，带来了不同的政治文化传统和社会实践，使得东南亚华人内部的多元化和差异化进一步加深。另外，华侨华人与中国的关系也产生新的模式，包括同祖籍地联络的加强。中国，是一个文化象征和政治实体，已取代传统的和地方性的侨乡，成为东南亚华人新移民社团联系的主要对象。②

从中国的角度来看，过去 30 年来，中国对海外华人的关注点有所变化。改革开放早期，重点关注的是海外华人（尤其是东南亚和港澳台），他们是比例最大的外来投资者。而今天中国政府关注更多的则是新移民问题，特别在欧美的高层次新移民怎样利用他们的知识、技术、经验帮助中国的现代化。相对而言，东南亚各国除了新加坡之外，在这一新战略中的地位并不显著③。

第二，在华人新移民人数增长的同时，东南亚一部分华人群体内部出现"再华化"的现象。回顾历史，20 世纪初，印度尼西亚、马来亚、新加坡的土生华人是怎样重新确认自身的华人文化认同的呢？通过语言、文化重新学习，同时也确认华人族群自身的骄傲与自豪感，包括公开庆祝华人文化或节庆。东南亚土生土长的华人对华人文化和身份认同的再确认或新寻求（包括同中国及祖籍地联系的建立与强化），我们可将之界定为"再华化"。施蕴玲（Caroline Hau）认为，"再华化指的是那些被贬值的、被封闭的和被压抑的华人性（Chineseness）的复兴，广义地说，它指的是在东南亚和其他地区华人更为公开和活跃、被接受和更强的自信心"④。

以印度尼西亚为例，2000 年的全国人口普查中，仅有 240 万人即全国总人口的 1.2% 承认自己的族群身份为华人，而到了 2010 年，这一比重增加至 3.7%，即 880 万承认自己为华人⑤。2000 年之后，印度尼西亚成立了 400 多个华人社团，出现了十余份华文报纸，以及 50 多个三语（印度尼西亚语、华语和英语）学校。当然，这种华人身份认同或自身身份自豪感的增加并不完全是因为中国的崛起，还有其他因素，如政治变化、华人自身政治意识的提高等。但如果没有中国崛起的大背景，这一切似乎不大可能发生。马来西亚华文报刊《光明报》首席执行官容耀群（也是当地一所中文学校的校董）指出，随着中国的日渐崛起，

---

① 庄国土：《东南亚华侨华人数量的新估算》，《厦门大学学报》（哲学社会科学版）2009 年第 3 期，第 62～69 页。

② Liu Hong, Transnational Chinese Social Sphere in Singapore：Dynamics, Transformations, Characteristics, *Journal of Current Chinese Affairs*, 2012, Vol. 41, No. 2, pp. 37 – 60.

③ 刘宏：《当代华人新移民的跨国实践与人才环流：英国与新加坡的比较研究》，《中山大学学报》（社会科学版）2009 年第 6 期，第 165～176 页。

④ Caroline Hau, Becoming "Chinese" in Southeast Asia, in Katzenstein, ed, *Sinicization and the Rise of China*, pp. 175 – 206.

⑤ Zakir Hussain, Chinese Indonesians Come Full Circle, *Jakarta Post*, June 8, 2012.

越来越多的人也包括并非华人的当地居民开始想学习汉语。过去30年时间，在当地的中文学校中，非华裔学生的人数预计已增加到6万多。[1]

泰国的情形也类似。2006年，泰国国会中三分之二的议员有中国血统，而近年来泰国数位总理和政客都公开承认自己的华人背景和身份，以期借此打开和中国的交流之门，并在国内提高受欢迎度。泰国国会议员克莱萨克·春哈旺称，"在议会里，我所认识的每个人几乎都到中国访问过，每当和中国官员会谈时，所有泰国官员都会追根溯源，表示自己和中国的缘分"[2]。这种情况是20年前不可能出现的。在前总理班汉·西巴阿差（Banharn Silpa – archa）的推动下，泰国几年前新建了"龙的传人"博物馆，展出的是中国五千年历史与文化以及华人移民到当地的文化两部分。这些皆彰显了当地华人对自身族群的自豪感。

第三，新移民与当地生长的华人之间的关系复杂化，表现为既有合作也有竞争。按中国非官方统计，1978年中国改革开放之后移居海外的新移民共有800多万人。以新加坡华人移民为例，目前估计有40万之众。进入21世纪后，新加坡面临着人口出生率逐年下降问题（1.12%左右，远低于2.1%的人口替代率）。政府只好通过广开门户、引进移民解决此问题。截至2010年6月，新加坡总人口为507.6万，其中有377万居民。由323万新加坡公民（分别占总人口的63.6%和总居民人口的85.7%）和54.1万永久居民（分别占总人口的10.7%和总居民人口的14.4%）及130.5万的外籍人士（在新加坡居住超过一年以上者；占总人口的25.7%）组成。[3]

移民人口大量和迅速的增长不可避免地带来当地华人的关注与焦虑。当地有关中国新移民的舆论主要有三个方面：一是中国新移民在社会与文化上与主流社会不一样。虽然新加坡新移民中人口比重最大的是马来西亚华人，但马来西亚华人始终不像中国新移民般成为公共舆论关注的问题，主要是马新两国历史的联系，加之两国文化习俗之一致性。二是新移民的涌入加剧了稀缺资源素来就很激烈的竞争，如工作、学校、房子、公共交通等。三是即使许多新移民已加入新加坡国籍，但政治上仍认同中国。[4]一些媒体暗示外国人的大量涌入造成了一种"新加坡人对垒外国人"的感觉。同时，新加坡华人和马来人种（以及印度人）

① Jennifer Pak, Will China's Rise Shape Malaysian Chinese Community?, http://www.bbc.co.uk/news/world – asia – 16284388, 2011年12月30日。

② D. C. Kang, China Rising Peace, Power and Order in East Asia, New York: Columbia University Press, p. 136.

③ Key Demographic Trends, Singapore Census 2010, available on http://www.singstat.gov.sg/pubn/popn/c2010acr.pdf.

④ 详见刘宏：《新加坡的中国新移民形象：当地的视野与政策的考量》，《南洋问题研究》2012年第2期，第69～77页。

之间的民族差异反而逐渐模糊，因而从一个侧面加强了东南亚华人的当地认同感。

新加坡民众对政府的移民政策和新移民的看法与不满直接反映在 2011 年新加坡大选上。人民行动党仅获得 60% 的选票，为 1959 年新加坡自治以来最低；而反对党则获得近 40% 的选票。这并非经济问题影响所致（新加坡 2010 年的 GDP 增长率为 14.7%），而主要原因是选民不满政府的移民政策导致新加坡人口的急速增加。经过这次具有分水岭意义的选举之后，新加坡政府调整移民政策，采取"新加坡人优先"政策，放缓外国人引进的步伐，并将移民的门槛大幅度提高。

对中国崛起的多重反应也体现在国家层面。2012 年 9 月，新加坡总理李显龙在北京表示，新加坡非常佩服中国这些年来所取得的成就，作为亚洲人，他也为亚洲人能在世界上站起来而感到自豪。他指出，在投资、贸易、旅游等方面，新加坡视中国为重要机遇的同时，也把中国视为竞争对手。这样的情况不仅出现于国家宏观层面上，在个人层面上也是如此。他在北京对中国记者表示，"中国也让其他国家的普通人民感到受威胁、焦虑与恐惧"①。

第四，在全球化的时代，东南亚华人社会的稳定与和平发展仍然面临挑战。由于历史和现实的原因，华侨华人与中国同东南亚的政治和外交关系密不可分。因此，他们的地位和作用既受国家内部种族和政治关系的制约，也可能受外部政策及其内化的影响。

以马来西亚 2010 年前雪兰莪补选事件为例，马来文报纸 *Utusan Malaysia* 在 2010 年 4 月 28 日的一篇文章就用"马来西亚华人：你到底还想要什么？"为标题，指出华人既然很成功了，为什么还受到"五一三"种族冲突氛围的影响，为何不能承认现有的政治上面的限制？至于华人社会的反响，基本上都是直接针对以上言论，指出马来西亚华人早已将自己视为马来西亚的一部分。*The Star* 在同年 5 月 9 日的一篇回应文章中指出，华人面临的最大问题是人口比重直线下降（据预测，到 2035 年，华人仅占全国人口的 18.6%）。该文章认为，华人并非要挑战马来人的政治主导地位，而是要政府的"尊重和对其贡献的认可"。

与此同时，如何更好地理解当地社会的政治和族群关系，是需要我们特别关注的问题，也是公共外交相关部门应思考和应对的问题。近年来，印度尼西亚华人社会与中国的关系日益密切。仅 2011 年就有 138 个大陆代表团访问印度尼西亚，平均每三天一个。据报道，这些代表团经常绕过当地政府，直接寻找华人企业或华人社团。印度尼西亚一些学者认为，这种现象难免会造成当地政府的一些

① 《李显龙：中国既是机遇也是竞争对手》，《联合早报》，2012 年 9 月 7 日。

忧虑。如有些到访的中国官员在当地表示，希望海外华族青年人要学好汉语，加强与国内年轻人的沟通交流，增强民族认同感。站在中国的立场，这固然可以理解。但是，印度尼西亚一份主流报纸认为，中国"企图影响绝大部分已归化为公民的华人向心力"，它甚至建议，"为了民族的利益及建设，我们理应解散和禁止华人团体"①。前印度尼西亚情报局官员、曾任印度尼西亚驻香港及北京外交官的李克沃（Drs. Krisno Legowo Widjaya）认为，华人"不应把自己硬拉到祖籍国一边，这等于过多地表现出排他性而不和谐"。他强调，印度尼西亚华商不应该更多参与中国的建设发展，而应该首先投身于印度尼西亚国内经济建设②。

最后，东南亚华人社会的变迁还受到国际和区域局势的影响，尤其是在美国高调"重返亚洲"并试图遏制中国崛起的背景下。近几年来，中国和东南亚媒体关注的重要课题之一为南海争端。2011 年 9 月，菲律宾总统阿基诺三世到中国进行首次国事访问，其间专程前往其在闽南的祖籍地，并说这是他到中国"最成功的事"③。虽然他具有华人血统，但是作为一国总统，他的一言一行都是以菲律宾的国家利益为最终的考量，包括不惜与中国公开对抗（如 2012 年 5 月围绕黄岩岛的主权争端、9 月将南海改名为西菲律宾海等）。普通华人民众也面临着在国家认同和族裔身份中的选择问题。菲律宾华裔青年联合会会长洪玉华说："我在菲律宾出生、长大、受教育，把菲律宾当成是自己的祖国，立场当然是从菲律宾的利益出发。菲律宾人与我们这样的华人是一家人。"④ 在前总统阿罗约执政时曾任"总统中国事务特使"、现任菲律宾华社最高领导机构"菲华商联总会"（商总）名誉理事长的黄呈辉表示："作为菲籍华人，菲律宾是我们安身立命之地，中国是我们的祖籍国与故乡，我们希望祖籍国与菲律宾永远和好，万一不幸双方发生战争，华人必须表态，在无所选择之时我们只好站在菲律宾这边。"⑤因此，华人实际上处于一种微妙的"夹心层"的位置。这也间接地反映出，在新的国际环境下，中国的崛起实际上不仅带来了机会，同时也带来了挑战。从更广泛的视野来看，大国崛起时不可避免对现有区域的政治与国际关系秩序作出新的改变或调整，也会影响国际关系及一国内部的族群关系⑥。

---

① 参看《〈时代报〉刊文要求解散和禁止华人社团》，印度尼西亚《国际日报》，2012 年 4 月 21 日，http：//indonesia. sinchew - i. com/node/31584。印度尼西亚文原载 *Koran Tempo*，2012 年 5 月 12 日。

② http：//supardi. i. sohu. com/blog/view/213082346. htm，2012 年 4 月 24 日。

③ 《回鸿渐村谒祖是我到中国最成功的事》，《厦门日报》，2011 年 9 月 4 日。

④ 《菲华人侨领：美国是中菲争端幕后推手》，http：//news. qq. com/a/20120529/000101. htm，2012 年 5 月 29 日。

⑤ 黄栋星、谷棣：《菲 200 万华人扎根主流社会》，《环球时报》，2012 年 5 月 30 日。

⑥ 详见刘宏：《海外华人与崛起的中国：历史性、国家与国际关系》，《开放时代》2010 年 8 月号，第 79～93 页。

三、小结：东南亚华侨华人社会、公共外交的机遇与挑战

本章将中国的崛起置于国际形势变迁的大背景下，分析其对东南亚社会以及华人族群的多重影响。中国的崛起及其与东南亚密切的政治、经济、文化、社会关系，成为东南亚华人社会变迁的重要外在因素，它带来了很多机遇，但也有新的挑战。这些因素都是理解当地华人社会当前与未来变化的重要变数，而它们之间的互动有助于我们思考国家和区域未来发展的契机和方向。这些外在的因素，也由于各种内部政策（如移民政策）而内化，进而影响东南亚华人社会的变化（包括人口的缓慢增长和种族比例的构成变化、华人民众在中国与少数当地国家冲突中的尴尬地位等）。本章的个案反映出中国的崛起固然使东南亚华人自豪感增加，但其影响并非是均衡的；不同国家则出现不同现象。机遇与挑战并存，它们受到国内和国际两因素的制约。

东南亚华人社会、当地政府和中国政府三者的关系在不同国家有不同的互动模式。一方面，它不仅成为部分华人社群"再华化"的动力，而且推动了"跨界中华"的产生与初步的发展，为公共外交的展开创造了机会和条件，但也带来新的挑战；另一方面，它也强化了华人作为东南亚人的身份认同感。对中国新移民而言，其融入当地社会有双重障碍必须跨越，一是进入当地社会，二是进入当地华人社会。而在中国日渐强大、国际地位日益提高、与海外关系日渐密切的时代，当地的排斥态度可能使新移民的融合进程更为缓慢。因此，东南亚华人社会将在更多的变数和矛盾中演进。

当我们理解东南亚华人变迁的问题时，必须密切关注这三个主要力量的利益与互动。除了当地政府、东南亚华侨华人自身，也必须考虑中国与东南亚关系的密切程度对当地华人社会的各种影响。因此，我们的学术研究应当把这些不同的群体、势力或观念尽可能地提出来讨论和研究。无论是政府还是土生土长的华人或新移民，都需要充分的智慧和勇气，不仅共同推动区域的长治久安，而且一道维护东南亚华人社会的和平稳定。

从公共外交的政策机制的实施来看，东南亚华人社会的变迁凸显了以下问题和相关认知的重要性和迫切性。

第一，明确区分华侨和华人的界限。对前者（尤其是改革开放之后出国的新移民），我们可以将之作为中国在东南亚公共外交活动的一个有机组成部分。部分新华侨和归侨则可能作为公共外交的主体成员之一。他们生在中国，长在中国，虽然在海外受教育和工作，但仍然保留中国国籍，也关心中国的成长与进步。他们了解中国和所在国的政治和社会情况，能够熟练地游离于中外文化之间，并深知国外的公共舆论的运作规则，如果他们能有意识地将学术研究的成果转化到媒体等平台，从而影响公共舆论、智库以及国际上有关中国的论说，将对中国的公共外交的成功实施有重要的推动作用。对于在当地出生长大的华人，他们已经是当地公民，不应作为中国公共外交的主体，而是作为客体。大部分的华侨华人已经是外籍华人，因而成为公共外交的受众，但他们并非普通意义上的外国人。其中一些人对中华民族和中华文化的根的情感也随着中国的崛起而加强。具有针对性地影响他们的观点，并通过他们与主流媒体和非政府组织接触和沟通，有助于进一步加强外国公众对中国的客观了解和全面认识。此外，还有相当大部分当地华人华裔已失去与中国和中华文化的联系，他们已是完全的当地人。对此，我们也应坦然接受，可以将之作为当地主流社会的一分子加以对待，而不应特别将其作为公共外交的主体或受众，否则会起到反效果。

第二，在对外媒体宣传和介绍中国及其与华侨华人关系时，要充分注意场合和对象，避免被误解或有意误读。2012 年 4 月，中国官员在印度尼西亚有关当地华侨华人对中国的经济贡献和文化联系的讲话，在当地引起了不小的反响，甚至有人要求关闭当地的华人社团，因为它们可能被当作"第五纵队"。虽然他讲的是实际情况，但鉴于东南亚的敏感性和复杂性，任何的媒体报道和引用都可能被利用于不同的目的。同样的表述，在欧美可能就不会成为任何问题或关注的焦点。另外，笔者于 2012 年 6 月在马来西亚参加华人研究的国际会议，来自中国的报告人公开主张大马华人是中国公共外交的桥梁，这引起了与会的当地学者的不满和批评。中国的公共外交活动应有针对性和重点，应创造一个和谐友好的中国形象，使当地民众包括华人从中国的崛起中感受到机会而非威胁。

第三，加强对东南亚华人社会的多元性、复杂性和变迁性的认识和了解，并将之作为侨务理论和实践的重要课题。近 20 年来，国内对欧美的华侨华人群体日益重视，这当然是好事，但也使得有限的资源和政策关注点越来越离开东南亚，从而导致误解和判断失误。其实，东南亚华侨华人的复杂性远远大于欧美，历史的包袱也特别沉重。随着中国与周边国家关系的变化，华侨华人将成为影响双边关系的重要因素。我们应该避免回到冷战时期的模式，避免华侨华人成为中国与东南亚关系恶化的牺牲品（如 1965 年前后的印度尼西亚）或导火线（如 1979 年的越南）。我们的政策机构和研究重点应该东南亚和北美并重，只有在真正了解东南亚华人社会的需求和心声的基础上，我们的公共外交和侨务政策才能取得切实的成效。

第四章　中国和平崛起时代的海外华侨华人社会
与公共外交：东南亚的实证分析（Ⅱ）[①]

一、导　言

对东南亚第一部分的实证研究以宏观和机制论述为主。现在我们转向个体，亦即公共外交的对象或主体，并讨论它们如何影响公共外交的机制。本章以新加坡当地人对中国新移民的看法为切入点，揭示我们的认知和政策中的一些误区。例如，理所当然地认为，由于种族和文化的共同性，东南亚华人对新移民采取了欢迎和包容的态度；而前者可以成为中国公共外交的实践者和桥梁。

过去的 20 年中，来自中国的新移民大量涌入新加坡，据估计，如今他们在这个只有 540 万人口的国家里已有 40 万~50 万之众。那么，作为早期中国移民的后裔，占总人口 75% 的新加坡裔当地华人是怎么看待这些新来客的？是将他们视为同根同祖的移民同胞，抑或是与自身社会政治倾向和文化身份均相异的外乡人？从公共外交的角度，华人新移民如何能够在中国的和平崛起与发展过程中起到积极的作用？

本章首先介绍 20 世纪 90 年代后新加坡人口结构之改变，接着分析本地新加坡人对中国新移民的看法——可以说是欢迎、批评、贬低和被动接受的混合体；然后讨论新加坡移民政策的出发点，即从控制新移民涌入到整合、团结现有移民。本章认为，同宗同族的民族观和共同文化源流在塑造新加坡人对新移民的观点时只起到微乎其微的作用，政治上和经济上的现实主义和新型华人身份政治才是影响公众对新移民的态度和政策抉择的重要因素。只有在这一大框架和相关的认知之下，公共外交才能够对中国人、华人新移民和中国的国际形象改变发挥一定的积极作用。

本章以新加坡官方及民间对中国新移民的看法的相关论述为主要资料来源，亦采访了新加坡人和中国新移民，同时辅以作者自身的参与性观察。近年来出版了一些关于在新加坡的中国新移民研究，但并无专注国家与民族之间的相互关联

[①]　本章执笔人：刘宏。

以及公共外交的角色。笔者希望本章能唤起更多关于新加坡新型的民族和身份政治的讨论，同时能引起学术界和决策界对华人移民的复杂性与多样性以及他们在塑造新加坡移民政策中所扮演的越来越重要的角色的关注。

二、公共外交的潜在客体和对象：新加坡华人的人口结构

新加坡作为一个没有自然资源和巨大国内市场的国家，在经济发展上需要依靠人力资源的支持。然而在过去的 20 年中，虽然新加坡的年总人口增长率由1970—1990 年的 1.9% 提高到 1990—2000 年的 2.9%，但是人口发展趋势仍在直线下降，这导致新加坡成为世界上生育率最低的国家之一：从 1960—1965 年的4.93% 降到 1995—2000 年的 1.57%，远远低于人口的替代率水平 2.1%。[①]

受到这种趋势的警示，考虑到其对社会政治经济可能产生的影响，新加坡政府开始采取一系列应对措施。除了实施一系列鼓励国民生育的政策之外，还通过引入外来人才来提高人口增长率。新加坡总理吴作栋在 1999 年说："没有外国人才，我们将不能成为经济一流的国家，我们必须从国外引进人才以补充国内人才的不足。"[②]李显龙总理在 2006 年的国庆演说上指出："我们每年缺少 14 000 个婴儿，我们必须引进新移民。否则新加坡将会面临严重的问题……如果我们想要立足于世界民族之林，我们需要持续增长的人口，同时这增长的不仅是数量。我们正在寻找那样的人，他们有能力，有干劲，有能动性和创新性，不仅是大学毕业生、专业人员、银行家或者是律师，而是所有类型的人才。"[③]

新加坡政府实施了一系列的人才引进措施。例如，由人力部和经济发展局共同组建的机构"联系新加坡"（Contact Singapore），可视为新加坡的国家猎头公司，旨在吸引国际人才到新加坡工作、投资和生活。它在亚洲（包括北京和上海）、欧洲和北美设立办事处，为有意探讨新加坡的职业发展机会的全球精英以及到新加坡投资或开拓全新商业活动的个人和企业家提供一站式的服务。该机构也与新加坡私营企业合作，帮助有意到新加坡投资的人士。在 2001 年的"资政论坛"的讲演中，李光耀透露，"为了更好地了解中国人，我决定吸收聪明的中国人才到新加坡工作和学习，以便他们了解新加坡人，并成为新加坡的一分

---

① 有关新加坡生育率的资料及人口政策的变迁，参看 Shirley Hiso - li Sun, *Population Policy and Reproduction in Singapore: Making Future Citizens*, London: Routledge, 2012.

② 《联合早报》，1999 年 8 月 23 日。

③ Lee Hsien Loong, Transcript of Prime Minister Lee Hsien Loong's National Day Rally English Speech on Sunday, 20 August 2006 at University Cultural Centre, Singapore: Media Relations Division, Ministry of Information, Communications and the Arts.

子"①。新加坡政府自 1992 年开始向中国学生提供全额奖学金,让他们到当地的高中和大学来学习,只要求他们在毕业后在新加坡至少再工作六年。一项调查显示,这样的学生中 74% 在完成学业后都成了新加坡的永久居民。此外,新加坡还为包括新移民在内的企业家们提供经济资助,如总额为 1 300 万新币的创业启动金,并鼓励中国大陆企业在新加坡股票交易所上市。截至 2011 年 1 月,有大概 157 个中国公司在新加坡上市,其资金总额大约为 540 亿新币。②

政府的不断示好和招买人才的做法,导致了过去十年中,外来非公民和外来永久居民数量快速增长。截至 2010 年 6 月,新加坡总人口数为 507.6 万,其中有 377 万居民,由 323 万新加坡公民(占总人口的 63.6% 和总居民人口的 85.7%)、54.1 万永久居民(占总人口的 10.7% 和总居民人口的 14.4%)及 130.5 万的外籍人士(占总人口的 25.7%)组成。永久居民的增长率远远高于公民的增长率。公民增长率在 2005 年至 2009 年的年增长率为 0.8% ~1.1%,永久居民增长率在 2005 年时为 8.6%,而在 2009 年时为 11.5%;非公民的增长率在 2007 年和 2008 年时分别为 15% 和 19%。同时,出生地为新加坡以外国家和地区的居民比率由 2000 年的 18% 增长至 2010 年的 23%。③这种人口增长的速度和规模引起了当地人的焦虑与不满。

新加坡的开放门户政策与中国 20 世纪 80 年代中期的放宽对外移民政策同时出台,这导致 80 年代以来,来自中国的新移民数量快速增长,他们永久地或是半永久地离开大陆居住。虽然新加坡政府吸引外来人才的政策不是面对某个特定的民族群体的,但由于长期的移民历史和文化地理上的毗邻关系,中国已成为了过去 20 年来(1990 年中新建交之后)这个岛国最主要的移民来源地。中国新移民有四个主要的类型:学生型移民(那些在外留学但在毕业后继续留下的学生)、技术移民(那些凭借教育背景和专业经历而移民海外的人)、连锁移民(那些随作为外国公民和永久居民的家庭成员一起移民的人)和非法移民。据统计,截至 2009 年,中国有超过 600 万的人移民国外④。

虽然没有关于中国新移民的官方统计数据,但一项近期研究显示,在新加坡有 35 万 ~40 万的中国新移民(包括那些短期停留人员,如短期合同工人等)。

① 《联合早报》,2001 年 10 月 24 日。

② Liu Hong, Immigrant Transnational Entrepreneurship and Its Linkages with the State/Network: Sino – Singaporean Experience in a Comparative Perspective, in Raymond Wong, ed, *Chinese Entrepreneurship in a Global Era*, London: Routledge, 2008, pp. 117 – 148; *Global Times*, 24 February, 2011.

③ *Key Demographic Trends*, Singapore Census 2010, available on http://www.singstat.gov.sg/pubn/popn/c2010acr.pdf.

④ Liu Hong, An Emerging China and Diasporic Chinese: Historicity, State and International Relations, *Journal of Contemporary China*, 2011, Vol. 20, No. 72, pp. 813 – 832.

另一项研究则估计中国新移民有 70 万～80 万之多。① 中国大陆在近 20 年来已成为新加坡最大的移民来源地，移民遍及各个行业。例如，新加坡国立大学在 2000 年时有超过 30 000 名全日制学生。在 1 671 个全职教员中，有 887 名（占 53.1%）新加坡公民，而剩下的 784 名（占 46.9%）为外籍人士，其中包括 110 名（占外籍人士的 14%）中国公民（大部分为永久居民）。在大学的 842 名全职研究员中，只有 221 名（占 26.2%）为新加坡公民，而 621 名（占 73.8%）为外籍人士，其中包括来自中国的 329 人（占外籍人士的 53%）。②

新移民来自中国的不同地区。只有小部分来自传统的闽粤侨乡，来自其他地区的移民的比例显著增加。据李光耀称，"现在新来的（中国）移民大部分来自长江以北"③。在新加坡的新移民与他们的先辈们的组织并不相同，先辈们的组织多基于同乡和同祖的准则。而曾经特指某个故乡或村庄之"同乡"概念，现在已被用来指代整个中国或华人群体。这些新的群体更加包容，他们不仅接受那些地理上相异的成员，也接受社会背景上相异的成员。④

简言之，新加坡的人口结构在过去的 20 年中发生了巨大变化。一方面，不仅人口总数增长了将近两倍，而且在公民比重下降的同时，外籍人员数量显著增加。在非本国出生的居民中（包括新公民和永久居民），来自中国的居民数位居第二（列于马来西亚华裔之后）。然而，考虑到大量只在新加坡待一年多的临时工和学生们，我们有理由估计中国人是最大的外籍人群体。另一方面，由于其长期历史关联、亲近的家族联姻关系、文化联系以及地理之间的靠近，马来西亚籍华人通常被新加坡当地人认为是"同胞兄弟"。他们有共同的故乡、方言和风俗习惯以加强这种亲近感。因此，马来西亚裔华人通常不在当地关于中国新移民的评论之内。

三、公共外交的双重性：当地人对新移民的舆论与评论

公共外交具有双重性，它既是政府（此处指中国政府）对外国媒体和民众

---

① 刘文正：《新加坡中国新移民社团的兴起》，载庄国土等编：《近三十年来东亚华人社团的新变化》，厦门：厦门大学出版社 2011 年版，第 240～269 页；Yim Ching Ching, *Transnational Social Spaces and Transnationalism: A Study on the New Chinese Migrant Community in Singapore*, unpublished PhD dissertation, University of Hong Kong, 2011.

② 刘宏：《战后新加坡华人社会的嬗变：本土情怀·区域网络·全球视野》，厦门：厦门大学出版社 2003 年版。

③ *Straits Times*, 18 January, 2011.

④ Liu Hong, Old Linkages, New Networks: The Globalization of Overseas Chinese Voluntary Associations and Its Implications, *The China Quarterly*, 1998, Vol. 155, pp. 582–609.

（本章中的新加坡当地人）的外交行为，同时这种外交活动也受到外国民众对中国及其民众的观念的深刻影响。国务院新闻办公室前主任赵启正对公共外交的特征作了概括："公共外交的行为主体包括政府、社会精英和普通公众三个方面，其中，政府是主导，社会精英是中坚，普通公众是基础。它和政府外交组成国家的整体外交。参与公共外交的各方从各种角度表达本国国情，说明国家的政策，以及解释外国对本国的不解之处，同时了解对方的有关观点。"因此，本章分析的是作为公共外交基础的普通中国民众（新移民、游客等）如何在建构中国公共外交活动中发挥自觉或不自觉的作用。

在过去的十年中，新移民在新加坡的快速增多已经引起了当地人的焦虑、不满和偶尔的敌意。这些评论通常出现于报纸杂志、议会辩论、网上论坛或博客中。虽然并非所有的言论都指向中国新移民，但是华人同时作为两个最大的群体——占新加坡人口的75%和新移民中的绝大多数——意味着中国新移民是以华裔为主的新加坡公众舆论的中心。

关于中国新移民的舆论和评论主要涵盖三点不同但又彼此相关的内容：一是虽然新移民来自同一种族并可能使用同种语言，但他们的社会和文化背景与新加坡本地人有明显的不同；二是新移民需要与本地人竞争工作职位、教育机会、住房、健康福利和交通资源等；三是新来者（包括那些已经成为新加坡公民的人）被认为缺乏对移居国的政治效忠，他们在情感上和政治上仍旧支持着中国。虽然这些言论有异于那些被政府支持的言论，但它们还是能在一些官方控制的媒体如《海峡时报》和《联合早报》中找到宣泄口。以下是对这三个内容的具体论述。

（1）社会与文化差异。虽然许多新移民在民族上也属于华人，但一些新加坡裔华人把他们当作不同的人——既与他们自己不同，亦与他们数个世纪前移民至新加坡的、主要来自华南的祖先不同。这种在自己国家的陌生感被《海峡时报》（周末版）的专栏作家表达了出来："有那么一瞬间，我觉得在自己的祖国中，却成了一个异乡人。在上个星期六去芽笼的时候我也有相似的感觉……在那里走着的时候，我被我周围数量庞大的中国人所惊讶了……不论我转向哪个地方，我周围都是中国人说着陌生口音的中国话。"①

一个博主写道："新加坡人能够接受中国人吗？……特别是那些文化与华南如此不同的北方人？事实上，在很多时候，我不能接受北方人将要成为新加坡华人的主体这一现实。还有，我并不能真正适应他们的方言、文化和生活方式……北方人都是些可怕的人。"②

①　Sumiko Tan, I Felt Like a Stranger in My Own Country, *Sunday Times*, 10 July, 2011.

②　http://www.Chinesehistoryforum.com.

除了关注本地人和新移民之间的不同之外，新加坡人也强调自己与新移民的差异性而非同一性。2009年，主流媒体《联合早报》发表了一篇当地人的文章，彰显了民众的不满情绪："常听到新移民称本国国民为'老移民'，或说我们是'先来这里的人'；新移民对国人这种眼明手快的定义，我这个土生生长的新加坡人，听在耳里，真有百般的不痛快……这就好像一只鸟，辛辛苦苦地筑了一个坚固美观安全舒适的巢。为了扩展，欢迎新鸟同来共同建设。新鸟申请到居留权之后，说旧鸟不过是'先飞来这里的鸟'；大家都是鸟，没有多大差别。……不过于情于理，这种近乎喧宾夺主的态度，似乎说不过去吧！……我是土生土长的新加坡人，从来没有移民过。如果有人用老移民称呼我，或说我是'先来的人'，我是会生气的。"①

不仅普通大众认为新移民是不同的，政治家们也敏锐地注意到了新加坡华人和中国人的不同，正如李光耀说的那样，在东方与西方、传统与现代的大环境下："虽然我们是华人而且说的是华语，但是华人的思维模式和商业习惯在工作方式和心灵构成上也是不同的。我们的制度和工作模式是西化的。我们不靠'关系'或者类似的东西。我们对法律的标准和态度都完全不同。"②

（2）对稀缺的资源的竞争。既然每十个新加坡人中就有四个是外国人，他们作为工作、住房、学校和健康福利的竞争者，也就不奇怪为什么本地人会对新来客们感到焦虑，更不用说是疑虑了。报纸头条通常会用一些如"恐惧"和"担心"的词语来形容本地人对外来移民的态度。《海峡时报》的一个记者这样写道，"移民是块烫手的山芋"③。一个博主写道："我和外国人说话的机会比和本国人说话的机会还更多。看看那些电话接线生、诊所和医院（包括大部分护士）的人、商店里的收款员、美食城里的厨师或服务生、我孩子的托儿所老师、巴士司机、家政员工、清洁工。不论你喜不喜欢，他们真的到处都是。而且那只是冰山一角罢了。这些外国人将会渐渐地升至高位，而新来的外国人们就会补齐这些工作的空缺。（你问这些人从哪个国家来？这是傻瓜才问的问题。）"④

在2011年7月进行的一次非官方调查显示，67%的公民感到"我国的外国人太多了"，而只有7%的人不这么想。⑤针对902个新加坡成年人的一项调查显示，58%的受访者认为新加坡只有通过限制外来移民的方式才能保护本地人的工

---

① 吴大地：《那些先来的人，请举手》，《联合早报》，2009年9月24日。

② *Straits Times*，14 August，2009.

③ *Straits Times*，6 September，2009.

④ http：//forums. salary. sg/income – jobs/946 – too – many – foreigners – singapore – poll. html（posted on 13 Feb 2011）.

⑤ http：//forums. salary. sg/income – jobs/946 – too – many – foreigners – singapore – poll. html.

作岗位。一个新加坡家庭主妇林佩莲（音译）说："我仍旧担心他们会抢走本地人的工作机会，而且，万一在新加坡的艰难时刻，他们都离开了新加坡怎么办？"①

类似的话题在议会辩论中也被反复提出，一些议员观察后说："新加坡人可能会开始觉得新加坡式的生活方式正在被挑战。新加坡人的消极反应就是与不同社会习惯和思想的人们分享有限的空间所带来的失望与不满之一。"②

（3）缺乏政治忠诚。不少当地新加坡人认为新移民没有为国家服务的意识（比如新加坡男性公民都得服兵役），而且对移居国缺乏忠诚。一个博主的愤恨之情十分典型，此处作长段引用："现在中国来的新移民是不同的（与之前几代因为别无选择才来新加坡的移民相比）。他们作为成人来到新加坡，通常受过良好教育。他们不是为了离开一个不好的国家而来到新加坡，而是为了提升自身能力，亦是为了他们孩子的生活。对于他们中的大部分来说，一本新加坡护照就是一块对更好事物的敲门砖。当他们的祖国在经济和政治上变得越来越强大时，他们不会与他们来自的国家断绝任何关系。一大块红色和一个小红点真的是不能比的。如同他们的移民父母那样，他们会看中国中央电视台和凤凰卫视，比看本地的第八和第五波道一样多或者更多。"③

2009 年的"张元元事件"凸显了这种新移民的身份政治。来自北京的补习学校教师张元元在新加坡工作四年后成为当地永久居民。她在中华人民共和国国庆 60 周年时回到了北京参加阅兵仪式。在中国中央电视台的一次访谈中，她在屏幕上骄傲地、"脸上带着微笑地"亮出她的永久居民证，声称她回到北京是因为为祖国服务是她最大的理想，虽然在新加坡待了四年，她的心也依旧属于中国。在中国广为称赞的她，在新加坡却大受批判。她成了新加坡当地网民的讨论焦点。一些人甚至向政府请愿，要收回她的永久居民权，另一些人则质问中国新移民的忠诚性："外国移民离开新加坡的动机不是很明显吗？新加坡就像一个旅馆，一些外国人才在做完生意后就带着他们的财产回到了祖国。其他的一些则一跃而升为加拿大、澳大利亚或是美国公民……你觉得外国人不知道等待新加坡人的未来是什么吗？只要看看那些洗碗工、洁厕员就能看到自己的未来了。"④

"张元元事件"显示移民问题已经被政治化。在雅虎 2011 年 8 月对 30 000 名网民的态度进行调查时，41% 的新加坡人认为移民只是出于短期利益考虑，他

① http：//news. asiaone. com/News/AsiaOne. percent2BNews/Singapore/Story/A1Story20100914 – 237014. html.

② *Straits Times*, 4 March, 2010.

③ http：//theonlinecitizen. com/2009/11/new – immigrants – loyalty – to – spore – sm – gohs – amazing – conclusion/.

④ http：//groups. yahoo. com/group/Sg_ Review/message/6165.

们会很快离开新加坡。① 在报纸、网络上以及议会的辩论中,对于中国新移民的舆论都显示这些人在社会上和文化上都与本地人不同。他们会与当地人争夺工作机会、住房、教育机会和医疗资源。在关于中国新移民的舆论中,值得关注的是在关于民族凝聚力和共有的文化认同的问题上,大陆华人和非大陆华人的看法非常不统一。人们的争论集中在所谓的共同遗产或文化链接这两点上。一些媒体也暗示外国人的大量涌入造成了一种"新加坡人对垒外国人"的感觉,同时,华人和马来人种(以及印度人)之间的民族差异反而逐渐模糊。一个新加坡华人说:"我是新加坡华人,任何外来华人只要胆敢冒犯我新加坡的马来兄弟,我肯定会让他尝尝我拳头的滋味。我们新加坡华人和马来人一起服兵役。华人或不是华人都不是重点,重点是我们是新加坡人。"②

面对以上舆论,新加坡政府进行了不少努力,如融合新移民的尝试、控制移民涌入以及提高门槛。近年来,新加坡经历着迅速的经济增长(2010 年的 GDP 增长率为 14.7%),同时,根据盖洛普机构在 2010 年的调查,新加坡亦是"最有能力的成年人中最希望移民的对象国之一"。③ 另外,在许多新加坡公民都呼吁得到更多的政府保护,然而又需要引进外国人才的情况下,政府应当如何面对这些相互矛盾的诉求,以保持国际竞争力和足够的人口数量?民族主义者们希望严守国家边界,然而那些认同国际化和都市化路线的人则认为全球能动性和人才环流之间是无边界的。新加坡需要小心翼翼地处理好不同的价值观和需求之间的关系,特别是就 2011 年的两个重大选举(5 月的议会大选和 8 月的总统选举)来看。政府很明显知道移民问题需要在看似冲突的需求之间有技巧地解决。在过去的几年中,政府实施了许多相关措施,从控制移民进入数目到同化新来者。在管理移民的问题上,国家的身份和各种当地的政治和经济议程得到了最优先考虑,而与来自中国大陆同胞的同文同种同族的文化和族群认同感却被列于明显的次要地位,有时甚至是被忽视。

在认识到本地人对外国人涌入的关注度的同时,新加坡领导人也强调,由于新加坡是一个低生育率国家,必须通过不断引入移民来保持其国际竞争力。吴作栋在 2009 年指出了新移民在经济、社会和文化上为新加坡作出了不可忽视的贡献:"如果没有永久居民们和新公民们,新加坡将会像恐龙一样灭绝……为了维持我们现在的生活水平,我们需要使移民让我们的人口数增多,特别是那些有才能的、希望创业的移民。如果没有他们,我们的经济增长率很可能会直接下降

---

① http://sg. news. yahoo. com/blogs/singaporescene/ft – approach – netizens – biggest – beef – poll – 111739873. html.

② Seah Chiang Nee, It's Singaporean vs Others, *The Star*, 25 June, 2011.

③ http://www. imi. ox. ac. uk/pdfs/the – worlds – potential – migrants.

1~2个百分点……但除了保持我们的生活水准之外，移民更是为我们的社会注入了一种特殊的活力，使我们的经济发展得更加蓬勃，在艺术、音乐、体育和慈善事业等方面扩展了我们的视野。"①

在赞扬新移民的贡献的同时，李显龙说政府正在追求制定一种"公民优先"的政策，在明确引进移民和与移民一同生活的必要之后，政府开始规划相关措施，通过减少进入外国人人数和设定给予永久居民权的更高标准来控制移民涌入。副总理黄根成在2010年9月说，只有大概一半的永久居民申请获得批准。李显龙在2011年的国庆节演讲中主要关注了包括提高薪水和增加当地大学中新加坡学生的学额等有关"新加坡人优先"的论题。②

由于依然需要引进移民，控制数量的机制就只能起到安慰公民担忧的作用，更重要的是，从国家的目的来看，是希望团结和同化新来者，让他们在文化、社会和政治轮廓上更像新加坡人，进而强化国家的多文化及民族合成的程度。

政府已号召新移民通过学英语、与当地人交流和参与公共活动来融入主流社会并拥有一个本土化的身份。例如，一个政府委派的移民工作组提出了一个"强化对新加坡身份的认同感的四个关键价值观"的口号：履行国家兵役责任、遵守法律法规、拥抱多元文化、坚持选贤任能。③此外，政府采取了一系列区分不同社会阶级的措施以及惠及教育、住房和公共医疗卫生事业的做法，提供给永久居民和公民们，以作为对公民们焦虑的回应，并鼓励更多合格的永久居民最终成为公民。

政府还尝试建立将新移民团结融入社会和文化结构的新机制。2009年9月，由政府、私人企业及民间组织共同组成了国民融合理事会（National Integration Council），提出"开放门户、敞开胸怀、开阔思想"的"三开"口号，要从不同方面协助新移民融入本地社会，促进各社群间的相互信任。政府还为此拨款1 000万新币，设立"社会融合基金"（Community Integration Fund）。2011年1月，民众联络所构架成立，每年可帮助40 000个新移民。该构架有四个阶段：一是新移民通过家访和茶会来认识新加坡人；二是他们通过节日庆典来扩展社交网络；三是他们规律性地参与社区活动；四是他们参与一些草根民间活动。

要分析这些措施在安抚民众的焦虑的同时又能团结新移民的效果，或许为时尚早。在2011年5月的全国选举中，移民问题是焦点。反对派赢得了近40%的

①　Speech by Mr. Goh Chok Tong, Senior Minister, at Deepa Tribunal, 7 November, 2009.

②　http://www. asiaone. com/News/AsiaOne + News/Singapore/Story/A1Story20100830 – 234707. html.

③　REACH Policy Study Workgroup on Integration Issues. Proposes Measures Towards a Better Integrated Society (March 2011), available on http://www. reach. gov. sg/portals/0/MediaRelease/REACH per cent20Media per cent20Release per cent20on per cent20PSW per cent20Recommendations per cent20 – per cent20web. pdf.

选票，然而人民行动党遭受了独立以来最大的失败，仅获得 60% 的选票。李光耀坦承，本地人在"拥挤的地铁和巴士上看到新来的、陌生的面孔时感到非常不适"、人民的不悦和"外国人的涌入"是人民行动党受挫的主要原因。①

至于中国新移民自身，其中的一些人热情地响应民族融合的号召（例如华源会设立了一个"新移民贡献奖"以嘉奖那些为社会融合作出努力的人），但也有人觉得融合应该是一个双向的过程，这要求本地人接受和理解新来客。一个新移民作家评论道，融合并不意味着同化，同时身份构建的过程是一个需要所有方面的努力的长期过程。与人为的同化相反，她提倡"和睦共处、尊敬和认知"②。

在这个过渡阶段中，中国新移民对融合同化政策的回应也受到由中国崛起和与新加坡（以及东盟）的不断融合而形成的以中国为中心的亚洲区域格局之影响。在过去的几十年中，中国已与移民群体形成机构上和信息上的关联，这在塑造移民身份上或许也会有一定影响。历史上，中国移民的身份认同感总是受中国的国际地位（或其缺失）的影响。

正是在这一大背景之下，中国的公共外交努力才能有所作为。由于不少新移民还保留中国国籍，中国政府包括各级侨务部门在制定和实施公共外交政策和措施时，要注意如何充分利用这一新移民资源，将之作为中国和他们的居住国之间的有机纽带。国务院侨务办公室前主任李海峰于 2012 年 1 月在《求是》上发表专论，对此进行的分析能够起到指导作用。她指出："要围绕国家外交总体战略，积极拓展侨务公共外交，通过侨务工作渠道沟通中国与世界，增进外界对中国基本国情、价值观念、发展道路、内外政策的了解和认识，推动广大侨胞在增进我国人民与各国人民友谊、促进国家关系发展中发挥积极作用。"

四、小 结

本章的关注点是新加坡本地人如何看待中国新移民以及国家如何在引进外来人才和保护本国居民之间取得某种平衡。笔者指出，由于大规模新移民的涌入，本地居民通过官方和非官方渠道对此表达了越来越多的关注和焦虑。有关中国新移民的舆论在三个彼此联系的论说中展开：①新移民在社会上和文化上都与主流社会不同，在社会文化特征上也不像当地华人前几代的移民祖先；②新移民加剧了对稀缺资源的本已激烈的竞争；③新移民在感情上与政治上都与崛起的中国藕断丝连；中国上升的国力强化了这种关联。这些舆论集中造成了一种认知，即认

---

① *Straits Times*, 14 August, 2011.
② 张惠文：《随谈"融入"》，《联合早报》，2009 年 9 月 23 日。

为来自中国的新移民们与新加坡当地人或许有某种族群关联（在大家都是华族这一点上），但事实上属于不同的政治、社会和文化群体。

新加坡政府尝试通过两项彼此关联的措施——保持经济稳定增长和社会政治凝聚力——来实现对公民和新移民的团结，以促进国家建设。为了增强国家竞争力、平等性和同化能力，国家已开始将移民控制与社会、政治和文化领域间的融合相结合。易言之，国家的认同感已经被放到了优先的位置上，并超越了民族身份认同感；同时，同属一个族群的华裔公民和新来者之间没有明显的纽带来维系彼此的关系。

从更广的意义上看，本章讨论了不同力量——国家、民众和个人——在塑造国家和民族身份上的作用。新加坡政府正在践行将中国新移民融入"新加坡式"价值的设想。新加坡的例子既独特也普遍。它的独特性在于，这是世界上在中国以外唯一的以华人为主体的国家，而华族在塑造这个国家的社会政治政策中起了决定性的作用。新加坡案例的普遍性在于，关于新移民的不同舆论是各地华裔移民或居民常用的建立权威地位的一种战略。新加坡政府实施的融合政策也与欧洲政府及其他地区政府的政策有某种相似之处。

本章的个案对中国的公共外交机制和活动有直接的意义。

首先，我们要摒弃那种认为华人都是炎黄子孙、彼此之间有着天然的亲近感和兄弟情谊的观念。由于绝大多数的新加坡华人已经是当地公民，他们把国家利益和作为新加坡公民的利益放在首位。因此，任何的公共外交活动都必须建立在这一认知基础之上，只有那些让当地民众感受到他们或其国家也能够同时受益的政策和策略，才能打开当地华人的心扉和思维。

其次，作为公共外交的受众，新加坡当地华人尤其是那些具备双语和双文化能力的精英，能够在中国的国际公共外交中发挥独特的作用。由于他们理解西方的思维和文化，又具备某种中立性，新加坡政治精英如李光耀、李显龙等人对中国国际地位提升的介绍和看法在国际政坛上广受尊重。一些文化精英也能够起到推动中西方文化交流的积极作用。但是，我们必须清楚地意识到，他们有关中国的介绍和描述是出于自身的国家利益（包括主张美国应维持在亚洲的力量和均势、将新加坡塑造成为中西经济往来的中介等）。但从客观上说，因为他们的影响力远远大于国家的幅员，他们对中国的看法能够直接影响国际社会和舆论。

再次，新加坡的个案也凸显了在中国新移民中推动公共外交的重要性。虽然当地人对中国新移民的看法未必与事实完全相符，但这些观念能够影响公共政策包括新移民在公共外交活动中所能够发挥的作用。来自中国的新移民要意识到新加坡人（包括华人）与中国人的差异性，并尊重这种由于历史和政治因素所形成的不同，而非一厢情愿地认为大家都是炎黄子孙。在这样一种认知下，中国新

移民的作用可以集中在介绍中国的社会经济成就、推广中国与新加坡的共通性（如中华文化的精髓和核心）上，在求同存异的基础上平等交往、互相尊重。此外，当地人对新移民的负面印象一部分来源于后者的不文明表现（如插队、在公共场所大声喧哗、随地吐痰、到处抽烟、以中原心态对他国民众评头论足，甚至在言语上侮辱当地人等①），并将小部分人的行为扩大为对中国新移民群体的看法。这种消极的看法也直接或间接地影响了中国的国际形象。如何使新移民成为中国在海外软实力的品牌形象，这需要政府、民间和学术界的共同探讨和反思。②我们应通过对现实问题的具体分析和调研，并将成果转化为公众舆论以及相关的措施，使每个公民都意识到自己就是国家的名片，进而共同推动中国的公共外交。

---

① 2012 年初，新加坡媒体广为报道的一个话题就是来自中国的留学生（获新加坡政府奖学金）在自己的博客上称新加坡"狗比人多"，引起当地民众的强烈不满。

② 参看刘宏：《华侨华人与中国的公共外交》，《公共外交通讯》2010 年 3 月创刊号，第 51～55 页。

第三编　澳大利亚华人与中国公共外交的关系

第五章　公共外交、海外华人 与澳大利亚华人媒体的发展[①]

　　近年来，澳大利亚的华人数量日益增长。据 2006 年的统计，在澳华人有 60 万～70 万。近 20 年来，大约 20 万华人定居在澳大利亚。在这之前，于英国和新西兰出生的人群构成了澳大利亚最大的海外出生的人群。但根据最近（2012 年）的人口普查，中国大陆已经超过意大利，成为仅次于英国和新西兰的最大的澳大利亚人口的海外出生地，普通话已成为除英文之外最常使用的语言。这标志着近些年来，来自中国的移民数量超过了几十年前来自欧洲大陆的移民数量。但是，尽管中国移民数量在澳大利亚呈现指数增长，尽管在不同地域涌现了对此的众多研究，但在过去十年中，中文媒体在澳大利亚发展的图景并不明朗。更不明晰的是该领域于中国在国际舞台崛起的 2008 年北京奥运标志性事件之后的变化情况。更值得思考的是，这些在媒体领域的新局势对中国与澳大利亚两国之间的文化公共外交起到什么作用？国内学术界普遍认为，在中国公共外交的实践中，海外华人团体既是外宣的宣传目标，又是外宣的义务宣传员，而且海外华人团体的中文媒体是重要的宣传工具，因此中国应该"借船出海"来提升和改进中国在国际上的形象和声誉。把海外中文媒体比作"船"十分生动形象，但这艘船的功能、性质以及规模如何？如果"借船出海"这个观点成立，那么澳大利亚华人媒体的发展就是一个十分重要的话题。

　　本章讨论分两个部分进行。第一部分考虑澳大利亚多元文化政策的实践及其内涵的关键性变化是如何影响海外华人媒体发展的。我们同时尝试捕捉那些与中国崛起相关的因素，以及这些因素对海外华人媒体发展的影响。第二部分中，我们试图探讨海外华人媒体的各个领域是如何对政治、社会、文化和经济力量的重新配置作出回应的。本章的中文媒体指的是在澳大利亚生产或消费的普通话和粤语的媒体内容。笔者认为，2008 年对中国和海外华人媒体而言是一个重要的分水岭。在这个前提下，对中文媒体进行了重新评估。奥运会后的中国被认为重新获得了世界大国的地位，而其中一个承诺包括了采取积极主动的"走出去"的

---

　　① 本章执笔人：孙皖宁。

媒体政策，旨在将中国的视角和声音推向国际媒体，从而与西方的话语权抗衡。[1] 这个举措受到了海外华人社区的积极响应。[2]

一、移民文化与澳大利亚多元文化政策

海外华人的媒介镶嵌在移民文化和多元文化主义之中。当多元文化主义于1978年在澳大利亚推行的时候，它只是一项解决和融合移民的社会政策。它与移民政策有着密切的联系，并且通过诸如移民资源中心、与民族相关的福利和语言学校等公共项目和公共机构来推行。多元文化主义的政策框架试图减少由社会失调带来的恐慌并理解文化多样性的社会蕴意，它表达了一个愿景：在这个愿景中，澳大利亚是一个有凝聚力的同时又尊重和维持不同文化传统的社会。在这一时期内，对民族媒体政策的规范化促进了澳大利亚多元文化的广播公司 SBS 的成立。SBS 于 1980 年开始传播。通过实验性的民族广播台、活跃的反规划的节目播出以及创新性的多语种分众传播，通过诉求文化差异而非单一文化纳入的方式迎合了澳大利亚的移民。[3]

尽管多元文化主义包含了进步性的意涵，但这个概念随后受到很多政治变故的困扰。这个政策"逐渐关注文化多样性的积极方面而非那些已被感知到的社会问题"[4]，在最近的十年里，关于多元文化主义的话语和实践产生了变化。SBS 的民族—多元文化主义逐渐演变成了主流版本的都会的和流行的多元文化主义。[5] 如今的澳大利亚继续受到多种文化冲突的困扰，民族身份仍然是受到某些群体排挤的关键所在，而这种排挤导致了分配不公的缺点。多元文化图景还深刻影响着新的民族群体、代际间和各种族之间的紧张关系。这个政策被批评为掩盖白人主导地位，用他者化少数民族的方式来维护白人霸权。[6]

新的人口构成和政府策略导致了多元文化主义的意义和实践产生变化，也深刻影响了海外华人媒介景观。当今政策中的"社会融合"和"文化公民"概念的倡

---

① W. Sun, Mission Impossible: Soft Power, Communication Capacity, and the Globalization of Chinese Media, *International Journal of Communication*, 2010, Vol. 4, pp. 19 – 26.

② W. Sun, Motherland Calling: China's Rise and Diasporic Response, *Cinema Journal*, 2010, Vol. 49, No. 3, pp. 126 – 130.

③ A. Yue and G. Hawkins, Going South, *New Formations*, 2000, Vol. 40, pp. 49 – 63.

④ J. Jupp, The Institutions of Culture: Multiculturalism, In Tony Bennett and David Carter, eds, *Culture in Australia*, Cambridge: Cambridge University Press, 2001, p. 267.

⑤ I. Ang, G. Hawkins, L. Dabboussy, *The SBS Story: The Challenge of Ccultural Diversity*, Sydney: UNSW Press, 2008, pp. 19 – 20.

⑥ G. Hage, *White Nation: Fantasies of White Supremacy in a Multicultural Society*, Sydney: Pluto, 1998.

导构成了再协商上述图景的中坚力量。这些概念旨在减少与少数民族社区成员的身份相关的不利因素。当下的艺术、媒体和多元文化政策——通过提倡、鼓励享有不同文化和语言（CALD）的群体参与澳大利亚的文化发展——在联邦的、州立的和所在地的政府层面中反映了这种改变。而关键是对作为经济发展资源的文化多样性的实用主义式的使用。

2003 年，时任澳大利亚总理的霍华德就多元文化主义政策重新发布了一个申明。在这项申明中，他用"文化多样性"（Cultural Diversity）取代"生产多样性"（Productive Diversity），强调用多样性来构造经济财富。目前的澳大利亚劳工部尚未改变这项政策，并且这种强调多样性的政策在其他多元文化艺术和媒体政策的各个部分都得到了充分体现。2000 年，澳大利亚议会修改了关于多元文化艺术的政策，并更加关注优秀的、创新性的产业合作和更广泛的参与。通过公共—私人的合作关系和新的观众，这些关注强调了经济的可持续性。同样，在州治的层面上，维多利亚州政府和它的艺术部采用"文化多样性"策略试图对经济产生创造性影响。在这些政策中，（民族）社区的权利话语被一个乘数效应（Multiplier Effect）取代。这个乘数效应是通过"创意社区"（Creative Community）的创新性和他们维持经济的能力来实现的。文化作为一种社会融合的实用主义式的修辞占据了再分配的话语。

政策改变反映的是对社会不公的态度的变化。政策改变不应被理解为通过再分配解决获取"不公"的后果，而是试图创造对新经济有生产性竞争力的人口的社会管理的失败。最近的政策关注在标榜"文化参与"、"文化发展"甚至"文化公民身份"的新政策下社区的发展，同时也强调将社区的创新性能力作为对象的策略，脱离了早期将社区艺术作为赋权或反抗的概念。这些转变给当地中国媒体产业、中国移民社区和中国政府之间新的合作提供了宝贵的机会。

尽管澳大利亚政府持续支持少数民族媒体，中文媒体的某些领域比另外一些领域更加受益于这种支持。比如说，由于中国商业的（和理论上的）结构与政府资助的社区项目之间存在不同程度的兼容性，我们发现电影产业比电视和平面媒体更加受益于这种支持。这种不均衡直接导致了一种流行的观点，即当考虑到民族语言的媒体产业的生存的时候，很多中文媒体的从业人员认为他们是被"遗忘的角落"，他们"全靠他们们自己"。由于此观点还认为澳大利亚主流媒体并不试图理解少数民族的观点、守卫他们的商业利益，或是帮助发展少数民族语言媒体，因此，这些媒体人体会到提升社区凝聚力、铸造文化自豪感和文化身份的责任倚赖华人社区自身，并主要通过中文媒体的视角来实现。这个观点是我们在与一些中文媒体从业人员的采访中得出的。澳星传媒（Austar Media）的首席执行官、墨尔本 3CW 广播的所有者姜兆庆（Tommy Jiang）就非常强烈且反复地强调

过这个观点。①事实上，姜兆庆甚至还将他与中国媒体机构日益增长的合作归咎为澳大利亚政府缺少资源和在基础设施层面上的支持。

与澳大利亚的主流媒体相比，中国的国家媒体已经展现了它与在澳大利亚的华人媒体合作的极大兴趣。一系列发展正在酝酿之中。首先，在过去的十年中尤其近几年中，我们见证了中国国家媒体与海外华人中文媒体之间日益增长的互动。这个过程开始于 2008 年，中国政府开始明确采取"走出去"的媒体政策，斥巨款用以推进中国在全球媒介空间中的媒介内容，并打破"中国"与"海外华人"之间文化生产和文化消费的界限。在过去的十年中，尤其是从举行北京奥运会的 2008 年开始，华文媒体在全球政治和经济力量上的崛起成了中国侨民——包括那些在海外生活和学习的中国人——的民族主义的来源。中国崛起同样给那些来自非中国大陆的华人一个重新评估他们与中国和所在国的关系的契机。

其次，在英国、加拿大、澳大利亚和新西兰等英语国家，来自中国大陆的学生和技术移民数量在过去几年中大量增长。来自中国大陆的学生数量占了澳大利亚高校的国际留学生数量的 30% 左右。尽管在学业结束之后，并不是所有来自中国大陆的学生都会获得澳大利亚永久居留权和公民身份，但年轻的中国学生数量在澳大利亚大学、技术和继续教育学院（TAFE）、学院的急剧增长对生产与再分配中文文化产品以及让来自不同地域的海外华人之间进行文化交流都具有深刻意涵。

TVB，一个基于香港的、为新西兰和澳大利亚等国家提供中文电视的内容提供商，致力于为中国学生、旅居海外华人和长久居住海外的中国移民提供来自中国大陆、香港和台湾的电视节目。那些讲着普通话的中国年轻大陆学生，加上那些在"六四"政治风波之后成为美国、加拿大和澳大利亚等国家的永久居民的中国大陆学生，深刻改变了中国移民的人口、文化和意识形态的构成。在数量上和影响力上，他们取代了那些讲着广东话或其他方言的老一辈的中国移民。waiwai. com. au 网站，一个迎合旅居澳大利亚的中国大陆留学生的实践和文化需求的中文网站，证明了讲中文的年轻人已经形成了市场或潜在市场。

再次，中国作为全球政治和经济力量的崛起，一方面，使华人重获他们的文化身份，重新定位他们与"华人性"的跨国性政治的关系；另一方面，重新定位他们与中国大陆的爱国主义意识形态之间的关系。2008 年北京奥运会期间，海外华人、海外中国留学生在全球许多大城市举行示威、游行，在火炬接力仪式期间，与当地西方反华、"藏独"团体和个人驳议、争执与对话，支持中国政府

---

① 2009 年 8 月 27 日的采访。

在西藏问题上的政策。他们的行动与当地华文媒体的宣传、组织、协调和动员分不开。这些活动，中国政府没有直接出面，因此，被许多海外学者称为一次成功的"民间外交"、"公共外交"、海外华人的"草根行动"。

总而言之，尽管华人人口呈现指数增长，但当前澳大利亚对中文社区的关怀可以说只关乎市场。同时，中国更为热切地将海外华人媒体融入以中国大陆为中心的、具有国际影响力的媒介景观。这个"推—拉"的动力给那些生产和营销中文媒体的商业以机遇和挑战。

二、中国软实力、"走出去"与华人媒体

澳大利亚当地华语报纸总的来说具有很强的地方性。目前，澳大利亚每个州都能买到全国通行的报纸，比如说星岛日报、澳华日报。除此之外，也有一到两份自己州的中文报纸。而且大多数都是以广告作支撑的免费报纸。华人（特别是中国学生）人口的增加、中国媒体"走出去"的举措，中国在海外的大使馆的积极参与，以及澳大利亚本土媒体对华人所关心的问题的相对忽视，使华人媒体在规模、立场和经营方式等方面发生了巨大变化。从华人平面媒体，包括日报、周报和杂志的内容来说，有三个重大变化：一是老一代的华人报纸主要针对老的华人团体，可是越来越多的新报纸则由中国来的新移民创办，服务对象定位为中国来的新移民和学生。二是关于中国国内的新闻内容明显多了，有各种大报、小报。不但报道华人关心的当地新闻，也报道国内读者关心且以国内视角来看的国内新闻。三是在报道中国的消息时，更多地使用中国的消息来源以及中国的观点。

最近几年来，澳大利亚华人商团也在积极探索如何抓紧中国崛起、扩大软实力和媒体"走出去"这个机会，迎合越来越多的华人文化诉求，提供立足当地华人文化、经济利益的电视节目。澳大利亚天和电视台（RTV）成立于2010年10月，定位为一个综合性的视频媒体，是澳大利亚规模最大、唯一一家与澳大利亚广播公司（ABC）合作的澳大利亚华语电视台。ABC电视台将其时事新闻、每日财经透视等栏目授权天和电视台译成华语播出。通过先进的互联网IPTV技术，为澳大利亚及世界各地的华人提供高质量服务，及时准确地报道时事新闻、财经动态和社会信息，并提供文化交流、养生休闲与生活娱乐等各个方面的节目。但值得关注的是，天和电视台一方面与澳大利亚主流媒体合作，另一方面与中国官方紧密合作。中国驻澳大利亚大使馆、领事馆参加其开播仪式，天和电视台也十分荣幸地把其与中国官方的紧密联系作为一大成就。由此可见，天和电视台对关于中国的报道显然会考虑到这层关系。

在澳大利亚，中国大陆的CCTV同样带有广告，并且在支付一次性的卫星接

收器的安装费用之后便可以接收。值得注意的是，在澳大利亚，通过卫星接收器收看来自中国大陆的节目——包括 CCTV 和省级电视台节目——是由当地人发起的，尤其是那些期望通过买卖和安装卫星接收器获利的华商。至今，中国没有专门为澳大利亚设计的卫星传送装置，而且卫星接收器是安装在现存的、为别处设计的传送信号之上的。对中国大陆的管控者来说，这并不是最理想的状况，但对在澳大利亚的中国观众来说，这是个让双方都满意的现状。毕竟走向全球的中国电视日渐将海外华人观众作为其目标观众。

但是，获得卫星接收器（最大直径可达 2 米）对很多人来说并不是一个可靠的选择，因为很多澳大利亚城市中的中国居民租住在限制安装卫星接收器的公寓或单元住宅中。甚至那些已经获绿卡的居民，虽然已是房产的拥有者，但他们在屋顶上安装卫星接收器之前，也必须确保得到当地理事会（Local Council）的批准和邻居的许可。当然，观众可以在互联网上下载或观看很多国家级和地区级的中国电视节目，但是他们需要一个相对高速的电脑并安装兼容中文的软件。对老一辈和那些并不太熟悉电脑知识的观众来说，在电脑上看电视从技术上是有挑战性的，并且不那么能够在娱乐消遣上让人满意。中国电视试图通过 IPTV 形式为澳大利亚提供更多的节目内容，但我们对此在很多层面上都是未知的，或者了解相对较少。比如说，观众可以购买一整年的在互联网上收看中国电视节目的服务，包括 CCTV4、CCTV9、凤凰卫视、广东卫视、福建卫视和湖南卫视。虽然有这些选择，但与中国以外的其他地区相比，从中文社区的收看角度而言，在澳大利亚接收 CCTV 的情况并不那么令人满意。考虑到中国政府扩展性的"走出去"媒体和传播政策，以及 CCTV 不断增加国际报道的努力，上述情况也许很快能得到改变，并让澳大利亚的中国电视成为一个有趣的看点。澳大利亚新闻频道《天空新闻》（*SKY News*）与 CCTV 签订的具有里程碑意义的互惠的节目协议就是最近的一个例子。根据这个最新协议，《天空新闻》将会在中国播出，同时 CCTV 的《对话》（*Dialogue*）等英语节目也将首次在澳大利亚定期播出。①

与中文电视相比，中文广播更容易接收。除了可以在澳大利亚所有地方收听到 SBS 广播的部分普通话节目之外，很多澳大利亚主要城市的听众还可以收听到中文广播节目。悉尼的听众可以收听两个以悉尼为基地的，2AC 和 2CR 的同时用普通话和粤语播出的广播。但是，澳大利亚首个 24 小时的免费中文广播 3CW（AM 1341）最早是在墨尔本建立的。从 1999 年开播起，3CW 最多的时候拥有分布在维多利亚州、新南威尔士州边境地区、塔斯马尼亚和南澳大利亚州北部地区

---

① Bernama, Sky News Australia Signs Agreement with China, Bernama.com, April 19, 2010, http://www.bernama.com/bernama/v5/newsworld.php? id=491579.

的 3 万忠实听众。3CW 的成功源自它所属的澳星传媒集团的明确的目标：同时成为一个可盈利的商业企业和对当地中国社区有影响力的机构。这样说来，澳大利亚的中文媒体通常被认为拥有模范的商业领袖和社区领袖的双重作用。①

尽管澳星董事长姜兆庆在澳大利亚具有庞大的媒体事业，但是作为一名从中国北部到墨尔本的移民，姜兆庆认为他最重要的成就是从 2007 年开始的与中国国际广播电台（CRI）的合作，这让他成了中国官方 CRI 的合作者。在全世界范围内设置了 27 个办公室的 CRI 体现了中国触及海外华人社区的文化消费空间的雄心。几年前，姜兆庆在西澳首府珀斯扩展了他的生意，而目前珀斯拥有约 10 万说中文的华人。姜兆庆开办了珀斯中文电视、珀斯中文电台 FM 104.9——珀斯首个免费的 24 小时的商业中文广播电台，并在 2008 年接手了在珀斯广泛流通的中英双语报纸《东方邮报》（Oriental Post）。2007 年，姜兆庆与 CRI 达成一项关于播送 CRI 内容——新闻和事实、艺术和故事片——的协议。这项协议首先涉及的是珀斯，接着是澳大利亚首都堪培拉（Radio FM 88），最后是布里斯班（AM 1620 和 AM 1629）。

在澳大利亚，中国国际广播电台的主动性扩展与姜兆庆等跨国的中国商业精英在商业上的脉动相吻合。② 从中国大陆的国家媒体的角度和从海外华人媒体的角度而言，这种合作性体现了一种扩展的新路径。在这种合作关系中，前者的动机主要是政治上和意识形态上的，后者的动机主要是经济上和文化上的。这种合作形式的意义对于澳大利亚多元文化政策以及中澳关系而言都是值得思考的，尽管在本文中没法充分展开。在与我们的对话中，姜兆庆非常积极地强调他首先是一个商人，并且，对于推进政治议题而言，他对如何创造利润更感兴趣。他说，尽管或正是因为他与中国媒体大量的合作关系，他还是很小心地维护他作为海外华人的独立性。但在一系列的政治敏感事件中，他的广播内容呈现了支持中国的态度。但是，这种态度究竟是出自他与中国大陆文化上的亲密关系还是出自其他政治上的考量，目前还不得而知。

三、小　结

本章讨论展现了理解澳大利亚海外华人媒体的多重视角。研究显示了作为商

---

① Gao Jia, *Radio - Activated Business and Power: A Case Study of 3CW Melbourne Chinese Radio*, In W. Sun, ed, *Media and the Chinese Diaspora: Community, Communications and Commerce*, London: Routledge, 2006, pp. 150 - 177.

② W. Sun, Motherland Calling: China's Rise and Diasporic Response, *Cinema Journal*, 2010, Vol. 49, No. 3, pp. 126 - 130.

业的中文媒体，随着澳大利亚的官方话语和多元文化主义实践的变化而变化。同时，它的成长与中国大陆的国家媒体向外扩展的雄心不可分割。这两方面因素体现的是文化全球化的交互过程的后果，而这同时又反过来形塑中国跨国界文化。澳大利亚海外华人社区包含了来自世界范围内的不同社会的华人。这些多样的海外华人社区又呈现出不同形式的融合。从那些在好几代以前就移民到澳大利亚的华人到今晨刚刚抵澳的华人，对中文媒体的依赖性呈现出一种连贯性，就如同个人对他们的中国性的认同，对澳大利亚的认同，或是对两者的认同。媒体的全球化，在很大程度上是随着当今人口的流动而发生的，同时，让那些海外的个人与在祖国发生的事件和生活方式保持深刻的联系。海外媒体则提供了一个让他们与祖国文化持续相连的缓冲器，这个缓冲器提供了抵抗老一辈们所经历的被同化的力量。

　　澳大利亚的中国媒体人和商业社区普遍认为澳大利亚政府并没有为发展少数民族社区媒体作出足够的努力。这个趋势，加上中国所关心的提升其软实力的影响，为澳大利亚中文媒体的未来发展提供了一个重要的机会和突破点。中国的公共外交可以从三个方面来看：改善新闻媒体对中国的报道，提高关于中国价值观的中外传播和交流的效应，以及改进中国和外国个人、民间机构、民间团体之间的关系。其公共外交的主要目的是宣传中国的政策和文化价值观，使其被广泛认同或理解。从以上的综述可见，海外华人媒体对中国公共外交的三个方面都有所触及。来自大陆的移民、正申请移民的人和学生数量的激增，都导致了在中国国内的政府机构与中国大使馆、领事馆等海外政府机构之间更加紧密的联系或是合谋关系。而且他们也繁荣了华人媒体，促使它为中国的公共外交作出贡献与努力。换句话说，从中国宣传部门的观点来看，海外的中文媒体是其重要组成部分，也是中国积极实施"走出去"的扩展性努力和将宣传事业国际化的重要途径。

第六章　澳大利亚华人新移民践行公共外交的回顾——以昆士兰华人新移民社团为例①

一、导　言

　　自 20 世纪末以来，中国政治经济实力有了很大的提高，在国际舞台上所扮演的角色也日益重要，公共外交也就在 21 世纪之交被中国政府提到了一个重要的高度，因为一个良好的国家形象有利于中国在国际事务和国家竞争中握有主动权，是信息时代的国家战略工具。② 因此，中国政府积极开展各种形式的公共外交活动，尤以 2008 年北京奥运会的"奥运外交"和 2010 年上海世博会的"世博外交"为特色，辅以国际传播、国际教育交流、国家或地区品牌营销、名人外交、文化外交、境外旅游等不同形式，从"精英外交"到"平民外交"，呈现出中国公共外交多元化的趋势。

　　在上述活动过程中，作为中国历史、文化和社会经济发展中的重要一环，华侨华人是公共外交中一支不可忽略的力量③；其作用日益受到中国政府高层关注，成为其制定公共外交方针政策的主体之一。2011 年 10 月，在全国侨务工作会议上，中国国务委员戴秉国强调，要"拓展侨务公共外交"；国务院侨务办公室前主任李海峰在大会发言时也指出，"十二五"时期，要"以'以侨为桥——沟通中国与世界'为主线，加强侨务公共外交"。④ 在这里，中国首次提出"侨务公共外交"的概念，使之成为新时期中国公共外交的一个组成部分。

　　据一般的估计，目前全球的海外华人数量有 6 000 万之众。而这其中，自 20 世纪 70 年代末中国改革开放以来，从中国大陆出国定居的新移民（亦称新华侨

---

　　① 本章执笔人：粟明鲜。

　　② Jian Wang, Managing National Reputation and International Relations in the Global Era: Public Diplomacy Revisited, *Public Relations Review*, 2006, Vol. 32, No. 2, pp. 91–96. 唐小松：《公共外交：信息时代的感觉战略工具》，《东南亚研究》2004 年第 6 期，第 60~63 页。

　　③ 刘宏：《华侨华人与中国的公共外交》，凤凰网公共外交通讯，news. ifeng. com/mainland/special/ PublicDiplomacy/lilun/201004/0422_ 10032_ 1610949. shtml，2010 年 4 月 22 日。

　　④ 谢萍：《全国侨务工作会议首提"侨务公共外交"》，中国新闻网，http://www. chinanews. com/ zgqj/2011/10–21/3406592. shtml，2011 年 10 月 21 日。

华人）人数已有六七百万之多。华人新移民是中国改革开放之后走出国门、陆续融入异国并进入另一个文化的华人社区的新群体。随着近30年来中国经济实力的不断壮大，其人数也将越来越多。由于这些华人新移民大多在出国前接受过较好的教育，或在经济上略有成就，与原居地保持着密切的联络；而因其是新移民，又要努力融入新社会，努力争取主流社会尽量快地接纳自己，因而也就自觉或不自觉地在"沟通中国与世界"方面扮演着重要的角色。换言之，他们在融入当地文化和社会的过程中，就自觉地践行着上述中国政府近年来一直倡导的公共外交。而从另一个角度来说，这些逐渐融入当地社会并接受异域文化的新移民，在保持和推广其自身文化的同时，也在积极协助中国官方和民间更好地认识他们所处的国家以及了解其文化，成为公共外交的践行者和传导体。他们承载着公共外交的双重使命。

本章以澳大利亚昆士兰州首府布里斯班市的华人新移民为考察对象，特别以过去近20年间存在的社团——昆士兰中国人协会和昆士兰华人联合会——作为个案，对其在20世纪90年代以来从自发性地开展公共外交到2000年之后努力配合中国政府的公共外交的演变过程作一个简略的回顾与探讨，以从中揭示华人新移民在其自身转型这一过程中所起的作用。

二、新移民与华人社区社团组织

华人移居澳大利亚的历史可追溯到19世纪50年代。当时，澳大利亚发现金矿，谓之"新金山"（即墨尔本），大批欧洲的淘金客蜂拥而至。追求淘金致富美梦的中国人也不例外。自19世纪50年代开始，以来自珠江三角洲为主的大批华工陆续抵达"新金山"，开始了华人移居澳大利亚大陆的历史。早期来的华人人数较多，曾经在一定时期内达到高峰。比如说，据1861年澳大利亚的人口统计数据，中国出生的华人居民有38 258人，占当时全澳总人口的3.4%，是当时仅次于英伦三岛移民的第二大群体。[1] 但随着在19世纪末20世纪初澳大利亚联邦的成立以及专门限制亚裔移民的"白澳政策"的实施，中国人在澳大利亚的人口急剧下降。1921年，全澳华人人口仅为20 000多人。[2] 到第二次世界大战结

---

[1] Kathryn Wells, *The Australian Gold Rush*, http：//australia. gov. au/about – australia/australian – story/austn – gold – rush, 5 October 2007.

[2] 1921年，全澳华人人口数为17 157人。如果加上那些与西人通婚之中澳混血儿3 655人，总数也仅为20 812人。见澳大利亚统计局网站的统计，http：//www. abs. gov. au/ausstats/abs@ . nsf/Previousproducts/1301. 0Feature%20Article21925？opendocument&tabname = Summary&prodno = 1301. 0&issue = 1925&num = &view = 。

束时，这一人数又有所下降，仅剩一万人左右。[①] 但在战后，由于移民政策的调整以及在 20 世纪 70 年代"白澳政策"的废除，澳大利亚实行多元文化政策，使中国移民人数大增。澳大利亚统计局人口普查的结果表明，以中国大陆出生的当地华人人口计，1971 年是 17 000 人，1996 年是 121 200 人，2001 年为 157 000人，2006 年达 259 200 人，2010 年则跃升至 379 800 人。[②]

上述统计数据表明，自 20 世纪 90 年代开始，来自中国大陆的新移民数量已经超越老华侨，成为华人社区占据主要地位的群体。据估计，1989 年 6 月以前来澳的中国留学生人数已有 36 000 人之多，这些人因四年临时居留方案而受惠，得以留居此地[③]；此后的三年间，即到 1992 年底，还有约 40 000 名中国留学生涌入澳大利亚求学。1993 年 11 月 1 日，澳大利亚联邦政府移民部决定，凡在 1992 年 3 月 1 日以前来澳的中国留学生（包括以其他形式来澳的中国人），皆可取得澳大利亚永久居留权。显然，这是随后中国大陆"移民潮"出现的一个主要推动因素。[④]

与上述澳大利亚华人人口大幅增长同步的是，大批以新移民为主而创设的华人社团出现[⑤]。在昆士兰州，刚开始时，来自大陆的新移民并没有像悉尼和墨尔本一样成立众多的华人社团。直到 1995 年，因上述 1993 年 11 月 1 日的移民部决定，那些在 20 世纪 80 年代末 90 年代初来自大陆的留学生得以最终居留下来，于是成立了首个以大陆移民为主体的社团——昆士兰中国人协会。

---

① Australia – China Co – operation Association：Readmission and Position of Chinese in Australia，A433，1946/2/1428，National Archives of Australia. 另见鬼谷雄风：《太平洋战争结束前之澳洲华人人口》，http：//blog. wenxuecity. com/blogview. php？date = 201107&postID = 14714；鬼谷雄风：《战前澳大利亚之华人数量统计》，http：//blog. wenxuecity. com/blogview. php？date = 201107&postID = 24027。

② 刘渭平：《澳洲华侨史》，香港：星岛出版社 1989 年版，第 196～200 页。另见澳大利亚统计局网站的统计，http：//www. abs. gov. au/ausstats/abs @ . nsf/Lookup/by% 20Subject/1301. 0 ～ 2012 ～ Main% 20Features ～ Country% 20of% 20birth ～ 54。

③ 1989 年 6 月，澳大利亚总理霍克代表澳大利亚政府宣布：凡 1989 年 6 月 27 日已经在澳的中华人民共和国公民，将被允许以一特殊类别的临时入境许可在澳大利亚临时居住四年。而且他还应允，在这四年以内或之后，这些中国公民将不会在违反其意愿之情况下被要求返回中国，除非他们严重地违反了澳大利亚的法律。换言之，四年临居之后，这些人可以申请永久定居，并且可望成为澳大利亚公民。见 J. Jupp, *The Australian People：An Encyclopedia of the Nation, Its People and Their Origins*, Cambridge：Cambridge University Press, 2001, pp. 223 – 224; Gao Jia, Negotiating State Logic：How Chinese Students Obtained Residence in Australia, *The Journal of Migration & Society*, 2010, Vol. 1, No. 1, pp. 35 –66.

④ 关于 20 世纪 80 年代末 90 年代初在澳中国移民及其日后发展，可参阅金凯平：《澳洲梦：一个留学生的现代淘金故事》，上海：上海文艺出版社 2006 年版。另见 Xiumei Guo, *Immigrating to and Aging in Australia：Chinese Experiences*, PhD theses at Murdoch University, 2005。

⑤ 这种情况，尤以悉尼华人社区最为显著，达上百个社团之多。见龚陆林：《漫谈在澳洲生活的 N 个"想不到"（四）》，http：//www. shzgd. org/renda/zgd/node10940/node10943/u1a1779578. html。

三、昆士兰中国人协会

1996 年初，由袁先智博士和张凌博士等人倡导，以散布于昆士兰州东南部布里斯班和黄金海岸地区的六七千名来自中国大陆的新移民为主体的昆士兰中国人协会宣告成立。

当时，居住于昆士兰州布里斯班地区的中国大陆出生的留学生（亦即新移民）的人数已有约 5 000 人之众。这一群体中虽然有相当多的一部分集中于布里斯班市的三间大学和医学院及其他各类研究机构，或任职，或求学；但更多的则是散布于政府部门、各类工商企业或自营其业（可称之为海外个体户）。其特点有三个：一是大部分人皆已获得定居权，但仍未完全安顿下来；二是大多数人皆接受过高等教育，荟萃了各行各业精英；三是凝聚力不够，虽然三间大学皆有中国学生或学者联谊会之类的组织，但所联系的面仍较窄，涉及的范围不广，相互间了解与沟通的机会和渠道有限。因此，如何为这一新移民群体加强相互间的联系提供一个场所，以适应与协助该群体在当地的安居乐业，更多地参与社区的各项活动，融入当地社会成为其中一员，保持并发扬其本身固有的文化和传统；以及发挥其各自的专业优势，在进一步发展澳大利亚的多元文化及沟通澳亚商业经济与社会文化等方面有所作为，成为摆在该群体面前的一个重要问题。有鉴于此，经上述袁先智和张凌等几位热心人士牵头与多方奔走，该协会便于 1996 年正式注册成立。①

昆士兰中国人协会是一个非营利、非政治及非宗教的以具有中国血统并认同中华文化之人士为主而组成的社区组织。其宗旨在于加强这一群体及会员之间的联谊、交流及互助，提供某种程度上的社区服务；并期望在促进澳中之间科技、文化和经济的交往与合作等方面有所作为。自昆士兰中国人协会成立之日起，其基本会员就主要由那些来自中国大陆之人士组成，也欢迎并吸引了来自其他地区和国家的华人或华裔人士参加。

作为华人社区一个新群体的代表，昆士兰中国人协会需要让社区包括主流社区认识自己——不仅限于这一日益扩大的群体本身的现实和他们融入澳大利亚社会的努力与能力，也包含了他们祖居地所具有的灿烂文化背景与悠久历史传统。

---

① 详情见鬼谷子：《聚四海精英，会八方朋友——小记新近成立的昆士兰中国人协会》，《昆士兰中国人协会通讯》1997 年第 1 期。该文可查询昆士兰中国人协会网站，http：//www. queenslandchinese. org. au/site2010/introduction. php。该会成立约一年后，因袁先智博士赴加拿大工作，张凌博士经常奔波于澳中贸易等事务，无暇维持该会正常运转，遂于 1997 年初组成新的理事会，由陈帆和刘宏等人负责，以拓展该会活动。

为此，昆士兰中国人协会开展了一系列的活动，主要表现在如下四个方面：

（1）推动和促进中华文化的发展及获取当地主流社会的认同。对此，昆士兰中国人协会在会务发展的实践过程中，主要从两方面来予以体现。

第一，通过举办各种文化活动，吸引当地人参与，从而达到介绍自己、推介中华文化之目的。

该协会最著名的活动，是在布里斯班组织大型的中国文化艺术节。昆士兰中国人协会理事会认识到，要扩大影响，让本社区以及主流社区认识自己并在当地推广和促进中华文化，组织大型的中国文化艺术节不失为一种有力途径。而且，在当地华人新移民中，还有许多人在移居澳大利亚之前就是中国各文化领域的专门人才，自身资源丰富。如果将他们组织起来，就是一支宣传推广中华文化的有生力量。因此，自1998年开始，该会就在布里斯班组织"布里斯班中华文化艺术节"，分别在1998年、2000年、2001年、2003年、2005年、2008年和2009年共举办了七届文化节。从该活动之宗旨与定位可以看出，昆士兰中国人协会在推广中华文化及融入澳大利亚社会的过程中作出了不懈努力：①推广和促进中华文化；②为不同文化背景之族群了解和认识中华文化与传统提供条件及体验之机会；③以承载中华文化之活动来丰富澳大利亚奉行的多元文化主义之内涵；④展示澳大利亚当地社区生活方式与社会活动之多样性；⑤促进中华文化活动成为澳大利亚当地社区文化与活动的一个不可分割的部分。

为此，中华文化艺术节上的内容，就不仅是民族歌舞与乐器的表演，还有书法艺术、中国功夫、中华美食、中华服饰、中医针灸、各类中国工艺品的展示以及中国时事和历史文化的讲座等。为吸引当地更多不同族群的参与，举办中华文化艺术节的场所基本上是利用当地中小学的礼堂和户外活动场地进行，也邀请其他族裔团体共同参与，使之在展示中华文化的同时兼具多元化之性质。

如前所述，筹办组织中华文化艺术节是为了让更多的人包括本社区和主流社会了解自己，认识中华文化，从而推广和促进本民族文化在澳大利亚多元文化社会的发展。因此，申请并获取澳大利亚联邦政府、昆士兰州政府和布里斯班市政府的社区活动援助基金赞助，让澳大利亚各级政府①相关部门认识和了解自己，并获得支持，也就成为昆士兰中国人协会所追求的一个目标。例如，1997年，该协会新组成的理事会就申请到了布里斯班市政府的1 000澳元资助，作为年长者举办各项活动之经费。1998年，又分别从昆士兰州政府和布里斯班市政府申请到各项资助经费23 000多澳元，用于举办首届布里斯班中华文化艺术节和开

---

① 澳大利亚的政府分为三级，即联邦政府、州政府和地方政府（市）政府。举凡州政府所在地的城市以及其他的地区市镇等，皆为同级地方政府。

展其他活动。1999 年，从昆士兰州政府申请到多元文化活动赞助基金 7 900 澳元，并从布里斯班市政府申请到 6 000 澳元经费，用于组织宣传当地华人社区长者在促进和推动多元文化事务与活动中的贡献及举办 2000 年的第二届"布里斯班中华文化艺术节"。2000 年，获得布里斯班市政府 6 500 澳元赞助，作为次年举办的第三届"布里斯班中华文化艺术节"的启动基金。2001 年，从澳大利亚联邦政府多元文化事务部获得 20 000 澳元赞助，用于开展中华文化的组织调研及相关活动。2002 年，再次从昆士兰州政府获得 7 500 澳元资助，为次年举办的第四届"布里斯班中华文化艺术节"奠定了基础。也正是由于该会理事会的主要成员们多年来锲而不舍地发展和保持这种与澳大利亚各级政府的不断联络与沟通，使昆士兰中国人协会的社会知名度在短期内大为提高。在其举办"布里斯班中华文化艺术节"时，来自上述三级政府的官员和议会成员皆与其他族裔社团及当地主流社团的人士一起应邀出席参与，以示对该项活动的支持。

在举办文化艺术节之余，昆士兰中国人协会更多的则是在当地自觉地配合时事与时局的发展，抓住机会，举办各种不同形式的活动和讲座，以宣传中国的文化与社会进步，让更多的当地人了解和认识中国。① 例如，1997 年，香港回归中国。理事会决定举办香港回归座谈会，由学者、媒体人和社区侨领等出席，对香港回归的历史意义与前景进行热烈的讨论，让人们更深入地了解中国百年历史的变化。1998 年，再次举办香港回归一周年座谈会，邀请香港特区政府驻澳大利亚办事处的负责人和中国驻澳大利亚大使馆的参赞参加，介绍香港回归后的社会与经济发展进程，在当地社区引起很大反响，效果显著。② 2001 年，北京成功获得 2008 年奥运会的举办权。昆士兰中国人协会抓住这个机会，举办大型庆祝晚会，邀请当地社区及各族裔团体人士参加，共同庆祝，以分享这一荣誉。2005 年，是中国抗日战争也是世界反法西斯战争胜利六十周年。昆士兰中国人协会为此举办座谈会，邀请当地学者和侨社人士参加，重温中国的历史；并着重强调，在抗击日本军国主义的侵略中，澳大利亚与中国同为盟国，皆对这一胜利作出了自己的贡献。

---

① 这些讲座与活动，内容丰富，涵盖面广，从下列由刘宏为该会在报纸上撰写的若干宣传推广文章就可见一斑：《五千年中华文明的支柱之一：中医药学——关于中华文化系列讲座〈为什么中医药学会历久不衰，而走向全世界〉》，《移民镜报》，2005 年 9 月 17 日；《当代中国电影的缩影——写在五彩缤纷中国电影回顾展之前》，《移民镜报》，2005 年 9 月 24 日；《玉与中国文化传承——关于中华文化系列讲座"辨玉说翠"专题》，《移民镜报》，2005 年 10 月 8 日；《关于〈儒家文化传统与现代教育〉讲座》，《移民镜报》，2005 年 10 月 15 日；《黄钟大吕有知音——关于中国古典音乐欣赏讲座及傅晶教授》，《移民镜报》，2005 年 10 月 22 日等等。

② 鬼谷子：《香港能继续保持繁荣发展——昆士兰中国人协会举办的"香港回归座谈会"简述》，《昆士兰华商周报》，1997 年 6 月 1 日。

　　此外，昆士兰中国人协会从其建立起就已充分认识到，要在澳大利亚这块多元文化土地上更好地传承与弘扬中国文化与传统，为年轻的一代开办周末中文学校，具有重要的现实意义和历史意义。1997 年，昆士兰中国人协会理事会开会决定，筹组自己的周末中文学校。随后，几位也是来自中国大陆的新移民全力投入筹办一所周末中文学校——"苗苗中文学校"，昆士兰中国人协会参与了策划，但最终没有参与筹组。虽然放弃了筹组自己的中文学校，昆士兰中国人协会转而全力支持苗苗中文学校的筹建和开办，并积极协助其申请政府的援助经费及联络中国的侨领部门，以获得由中国国务院侨务办公室主导编辑出版的相关中文课本，方便教学。这一年，苗苗中文学校在布里斯班开学，成为布里斯班由大陆新移民创办的第一间周末中文学校。[①]

　　第二，自 20 世纪 90 年代以来，相关的中国团体与机构赴澳举办中华文化与经济发展和社会进步的各类宣传推广活动日益增多，昆士兰中国人协会也积极协助与配合，将其视为一股推力，与当地华人社区对推广和弘扬中国文化传统、介绍现实的中国之需求相结合，形成一股合力，以达到共同沟通中国与世界之目的。虽然中国方面的代表团访澳时更多的是去悉尼和墨尔本，但布里斯班也是许许多多中国省、市等各级政府及相关职能部门代表团经常到访之地，故每次这些代表团来访时，昆士兰中国人协会都充分利用这些机会，代其联络当地相关部门与友好人士，密切配合，以确保其在当地的访问与活动取得成功。

　　（2）昆士兰中国人协会理事会意识到，其所代表的这些华人新移民绝大部分加入了澳大利亚国籍，是澳大利亚公民，其在当地的生活与工作皆应遵守当地的法律，入乡随俗。因此，昆士兰中国人协会的最主要活动就是鼓励这些新移民积极参与当地活动，融入当地社会，为澳大利亚社会的进步与发展贡献一己之力。这是因为，只有扎根于定居的这块土地，成为当地社会的一分子，才能更好地将自身所具有的文化传统与主流文化相结合，才能有效地推动和促进中华文化在当地的发展与弘扬光大。在很大程度上可以说，这是协会（或者说是中国新移民群体）践行其宗旨及配合中国相关部门机构宣传推广中国的基础。为此，凡主流社会团体的公开活动，一旦受到邀请，昆士兰中国人协会均组团参与，包括许多志愿者服务项目，以及澳大利亚境内发生的各种火灾、水灾和风灾的筹款赈济活动。每年 6 月的昆士兰日庆祝活动，多由州政府出面组织当地社区的各种团体参与各项活动，以体现昆士兰州以及澳大利亚这个社会多元文化之特质。对于这项活动，昆士兰中国人协会多以不同的形式和内容参与其中，这就是加强与主流

---

① 鬼谷子：《苗苗中文学校：一所由学生家长们创办的周末中文学校》，《昆士兰中国人协会通讯》1997 年第 3 期。

社会联络和沟通的一个例子。

（3）昆士兰中国人协会也利用各种机会组织澳大利亚的当地工商企业和学生访问中国，让他们以直观的形式耳闻目睹中国社会的发展与进步，体验中国的文化与传统，促进其对中国的客观了解和认识。如前所述，华人新移民中，有许多是来自各行各业的精英，一些人得以在当地的中小学任教。于是，他们就因工作的便利，利用当地学校的假期，在此期间组织中小学生去中国游学。通过这样的活动，让他们近距离地接触和体验中国文化，从而培养其对中华文化的兴趣。而那些活跃在工商业界的新移民，则在与当地澳大利亚工商企业与团体的商业交往中，经常组织小规模访问团前往中国，这一方面加强了澳中之间的商业贸易往来，另一方面也让他们加深了对中国社会与文化的了解。

（4）在澳大利亚推广和促进中华文化并让澳大利亚人更多地了解中国，应该与中国也更多地了解澳大利亚包括其历史、文化和体制等相结合，才能互赢与相融，减小反作用力。二者相辅相成，互为依存。不了解当地文化背景和社会体制，就不能有效地将自己的文化介绍给对方。昆士兰中国人协会所代表的群体因生长于中国、生活和工作于澳大利亚，对于上述关系有着切身的体会。因此，在配合来访的中国团体与机构推广中国文化及宣传介绍中国的社会与发展之同时，常常通过对其活动的细节及会见当地机构与人士等方面的安排适时地提出建设性的意见，协助其更好地认识澳大利亚的社会与文化。

四、昆士兰华人联合会

进入21世纪之后，澳大利亚的华人新移民人数有了很大的增长。与之相适应的是，在各大城市，不同形式的社团，如地域性和行业性或专业性的各类团体等也相继成立。作为昆士兰州首府的布里斯班，自然也不例外。为此，如何协调这些社团的活动，并在某种程度上将其力量予以整合，使之形成一股合力，共同促进和提高本社区在澳大利亚的发展，以及更好地推动和促进中华文化在这个提倡多元文化主义的国土上成长壮大，就是整个华人社区所面临的问题之一。就昆士兰州华人新移民集中的布里斯班及其周围地区而言，昆士兰华人联合会就是在这样的情况下成立的。

昆士兰华人联合会成立于2006年。从名称上可以看出，这是一个当地华人社团的协调机构，有几十个团体会员，即除了以来自中国大陆的新移民为主的那些社团之外，还包括了以来自其他国家和地区为主的华人组成的移民团体。该理事会成员的构成虽多元化，但主要成员相当一部分是原昆士兰中国人协会的理事会成员，包括笔者本人。这个联合会的宗旨如下：

（1）在更高的层次上增进与加强各华裔群体及各社团间的相互交流和沟通，求同存异。

（2）在更广的范围内使华人社区的个人与社团互相帮助，增进相互间的友谊与团结，协助与促进个人与团体之事业发展。

（3）更大限度地联合现有的各个社团和专业人士的力量，打破地域和行业的藩篱与局限，开展水平更高的大型社区活动，进一步扩大华人社区的影响力。

（4）更大范围内地促进华人社区遵守法律，并以积极的态度把中华文化介绍给其他社区，参与主流社会的活动，以期在主流社会和政府中形成一个强有力的声音，保护并争取华人应得的权益，同时也积极为华人社区谋利益。

（5）以更灵活的方式和途径，协助、配合或发起维护、发扬和传承中华文化传统的各项活动，使之成为澳大利亚多元文化的一个重要组成部分。①

昆士兰华人联合会成立之后，除了在更大范围内开展如前述昆士兰中国人协会进行的各项文化与社区服务活动，以及加强华人社区内各社团间的协调整合，以更好地促进本社区的进步之外，其重点实际上是放在积极参与主流社会的活动上，从而在当地社会事务发展中形成一个强有力的声音。为达此目的，其具体表现是支持华人参政。

该会从成立时起，就十分强调一点：已经归化为澳大利亚公民的华人新移民，在受益于这个社会对自己的权利保护时，就必须为这个社会承担责任。为达到这个目的，应该积极主动，而非消极被动，以改变以往华人给外界留下的只顾自己生活和内部事务而不问当地政治和事务的形象。由此，鼓励和支持华人参政和在新移民及其后代中培养参政从政的意识，是表现华人新移民公民意识和以国家和社会主人翁的态度融入主流社会的一个途径。昆士兰华人联合会的成立，就是希望能成为未来华人问政参政的摇篮，同时也是服务华人社区的窗口。在澳大利亚这个以移民为主的国家，华人是少数族裔。只有积极问政和参政，才能充分表达自己的诉求，才能为在这块定居的土地上推广和促进中华文化的发展创造条件，从而真正地使中华文化成为澳大利亚多元文化的一个重要组成部分。

就华人从政而言，与澳大利亚其他州，如新南威尔士州、维多利亚州、南澳大利亚州甚至北领地相比，昆士兰州相对来说落后了很多，直到2001年，始有蔡伟民作为首位华人议员进入州议会。2006年，昆士兰华人联合会成立后，适逢昆士兰州议会大选，蔡伟民面临着他的第三任竞选连任。为此，昆士兰华人联合会迅速行动，组织活动，为其募款竞选，多方支持，直到其成功连任。随后的2009年和2012年州大选，昆士兰华人联合会皆积极为其募款，全力支持。尽管

---

① 《昆士兰华人联合会章程（草案）》，2005年12月。

在 2012 年州大选中蔡伟民落选，但在其担任州议员期间，昆士兰华人联合会曾推荐一些年轻人与他密切接触，向其学习进入政界的心得，为日后参政从政作铺垫；他也言传身教，配合昆士兰华人联合会的这些举措。

华人参政并不以从政为唯一的途径，他们还通过社团的力量表达自己的观点和立场，以增强其社会影响力。例如，2009 年昆士兰州议会大选，当时的反对党（自由党和国家党联盟）为赢得大选，争取少数族裔的支持，就与昆士兰华人联合会联络，邀请华人社区领袖聚餐开会，向与会的侨领阐释其政策和施政措施。与会的侨领们利用这个机会，对所关注的问题作了充分的表达，加强了相互间的沟通。实际上，华人社区与执政党和在野党之间这样的对话活动越来越多，影响日益增大，表明华人联合会的上述宗旨正在得到贯彻执行。

五、小　结

长久以来，华人无论移民到海外何处，大多通过种种努力，尝试着维持或维护与祖居国的文化联系，保持其文化传统。新时期的华人新移民因其整体较好的教育背景以及他们本身具有的与祖居国文化、经济和政治等方面的密切联系，不仅沿袭着这一传统，更是将在海外定居地或定居国推广和弘扬中国文化作为自觉的行动，并与中国政府相关部门所推行的公共外交政策相配合，在协助祖居国实施"沟通中国与世界"战略的过程中起到桥梁作用的同时，也促进了其在海外华人社区及主流社会的本身发展与进步。上述昆士兰中国人协会和昆士兰华人联合会的发展历程，便是极好的说明。

目前澳大利亚华人社区的发展壮大表明，海外华人更着重的是融入主流社会，公民意识日益增强，参政从政意识强烈，主观上和客观上都有利于中华文化的融入和发展，也有利于增强当地人对中国事务的了解与认识。这一特点也反作用于来访的中国团体对澳大利亚社会文化与社会体制的认识，促使其对外宣传推广更能切合当地实际。可以说，海外华人社区就是一个推广宣传中华文化之公共外交的导体，是接通中国与世界的一个桥梁。

虽然中国侨务部门已经制定政策，鼓励开展"侨务公共外交"，这对于提高中国本身在海外的形象固然具有积极意义，也已见成效。但如何根据海外华人定居国的不同社情，采取不同的对策对其社区的发展以及融入主流社会的努力与实践积极协助配合，使其更加和谐地融入与发展，是相关部门应该予以重视并应进一步探讨的问题。

第四编　韩国侨务公共外交和俄罗斯的对华公共外交

第七章　在外韩人与韩国侨务公共外交[①]

自 20 世纪 80 年代末开始，韩国通过举办奥运会、足球世界杯等国际大赛的机会，大力宣传本国文化和经济建设所取得的成就，以此来塑造本国和平发展的形象。近年来，韩国政府尤其注重侨务公共外交，韩国外交通商部文化外交局还专门设立公共外交政策处。公共外交是通过获得外国人的人心和支持以达到本国所愿所想的外交活动，韩国政府认为，不仅要取得外国人的支持，还要取得本国国民的理解、支持与参与。2009 年，韩国提出"要获取国人的支持与智慧"（To Win the Hearts and Minds of People）的口号，试图增加其在国际社会中的影响力。本章通过考察韩国在外同胞财团、世界韩商大会、在华韩人网络等组织及其主要活动，讨论韩国侨务公共外交的战略和政策，以及在开展侨务公共外交中取得的成功经验，为中国进一步拓展侨务公共外交提供新的线索和有益的参考。

一、韩国侨务公共外交机构及其功能

20 世纪 90 年代，韩国为了提高本国在国际社会中的地位，在外交通商部属下成立了韩国国际交流财团（1992 年）、韩国国际协力团（1991 年）、在外同胞财团（1997 年）等机构。其中，韩国国际交流财团和韩国国际协力团主要是对发展中国家进行经济援助和文化交流，推动韩国在发展中国家中的影响力，进而提高其在国际社会中的地位，在外同胞财团的主要目标是增进海外韩人社会组织与国内社会之间的联系，构筑世界韩人网络。

1. 韩国国际交流财团（The Korea Foundation，简称 KF）

韩国国际交流财团成立于 1992 年，主要负责在海外振兴韩国学教育，向 33 个国家的 54 所大学派遣韩国语教师；在 13 个国家 40 所大学内设立韩国研究中心；对 95 个国家的韩国语专业、韩国学专业的学生、学者共 4 000 余人提供研究经费等。同时，从 1992 年开始至 2010 年共邀请海外人士 2 000 余人访问韩国，其中公共外交专家达 190 人。KF 的公共外交活动还包括支援海外博物馆，截至 2007 年，已在 7 个国家 15 所博物馆内设立"韩国馆"，2011 年在瑞典东洋博物

---

① 本章执笔人：曹善玉。

馆内新设立"韩国馆"等。

2. 韩国国际协力团（Korea International Cooperation Agency，简称 KOICA）

韩国国际协力团成立于 1991 年 4 月，主要通过无偿援助和海外支援服务活动等桥梁性机制（bridging capability），起到韩国公共外交的核心作用。KOICA 的主要业务是为推动发展中国家的经济，协助制定各种政策、制度，提供设施、人员培训、物资援助等支援。而且，成立至今每年都向 30 多个发展中国家派遣 1 800 多名协力队员。2009 年，提出"World Friends Korea"，将协力队员的范围扩大到民间部门。同时，每年邀请发展中国家的公务员、技术人员等约 3 500 人到韩国进行为期 2～3 周的短期培训和为期 2 年的研究生课程。

3. 在外同胞财团（Overseas Koreans Foundation，简称 OKF）

目前有 670 多万的韩民族散居者分布在 170 个国家和地区，其中居住在中国和日本的韩裔共 267 万人，在俄罗斯和中亚地区共 64 万人，在美洲地区共 237 万人。[1] 这些韩裔是从 19 世纪末开始到 20 世纪两次世界大战前后和朝鲜战争结束时，源源不断地从朝鲜半岛向中国、日本、西伯利亚、北美等地区移入，形成目前的分布状态的。其中，居住在中国的韩裔（在中国叫朝鲜族）约有 190 万人。

为了促进韩民族的认同感，1997 年，在韩国政府的支持下成立了在外同胞财团，其成立宗旨是"维护在外同胞在居住国中对本民族的认同感，保障自己的权益和地位，以达到团结的凝聚力"[2]，并开展各种学术、教育、文化、经济等领域的活动。目前该财团正在推动的重点项目有四个：一是通过全球化韩人网络的建构，形成网络韩民族共同体；二是通过成立世界韩商信息资料中心，推动韩国在外同胞社会的经济繁荣；三是涵养韩民族的整体性，支援下一代在外同胞人才的培养教育；四是加强财团的组织运作效率等。这些项目分别由不同的部门负责，请参见表 1。

---

① 韩国在外同胞财团官方网站，http：//www. okf. or. kr。윤인진：《코리안 디아스포라》,고려대학교출판부, 2005 년 8 쪽。

② 韩国在外同胞财团官方网站，http：//www. okf. or. kr。

表1　在外同胞财团的组织机构及其功能

部门	负责内容
企划室	组织和运营财团事务
交流支援处	增进交流；伸张权益；支助同胞团体；帮助俄罗斯及CIS地区的"高丽人"重新定居；负责世界韩人会长大会；支援在日民团；支援建立韩人会馆
教育文化处	支援在外韩国语学校运营；开发网络韩国语的教学和运营；培训韩国语学校的教师；负责世界韩人下一代研讨会；邀请世界韩人青少年大学生到母国培训；负责韩人夏令营活动；资助韩民族学校；支援在外同胞文化艺术；开展邀请在外同胞到韩国留学的项目
经济事业处	负责在外同胞企业家论坛；支援韩商网络的活跃化；负责世界韩商大会；负责海外韩商在国内经济活动中的商务指南；针对海外韩人子孙开展职业培训
宣传调查处	负责第五届世界韩人纪念日；建构世界韩人政治家网络；调查研究；增进民间团体之间的合作；宣传及舆论；设立韩国语新闻卫星网
全球化韩人网络建构处	运营在外韩人网络；支援在外同胞社团网的建立；收集和整理在外同胞中的有识之士及团体的资料
世界韩商信息中心	负责世界韩商信息中心及韩商网络运作

　　从在外同胞财团的重点项目和内容来看，其特点有两个[①]：一是在外同胞财团项目具有领导性和组织性；二是在外同胞财团将工作重点放在全球韩国人"网络"的建构。比如，通过促进世界韩人下一代培训项目、世界韩人政治家网络、世界韩商网络的建构，拟组建在外同胞的整体网络，形成无论年龄、职业、所在地都将在外韩人社会整合成世界韩人网络的格局，目前正在进行中的项目就是"全球化韩人网络"的建构。

　　在外同胞财团的另一项重点工作是支援海外新一代韩人的亲韩感和认同感。截至2011年，由在外同胞财团负责和主办的世界韩人下一代领导人培训项目已经举办了14届，使世界各地原本与韩国毫无关系的成功年轻韩裔领导人，通过访问韩国发现自己的根，促使他们结合自己的世界观进一步思考如何保留和发扬

---

　　① 韩国在外同胞财团官方网站，http：//www. okf. or. kr/portal/PortalView. do？ PageGroup = USER&pageId = 1283437318490&query = 。

自己的根和自我的存在。虽然每年只邀请100名有为的韩裔青年，但是当他们访问韩国时，能够亲眼看到祖（籍）国，回到所在国之后又能够自觉组织网络，讨论自己的想法和工作，促进他们之间、他们与韩国之间的交流合作。

4. 在外同胞法和投票权

韩国政府关注在外同胞政策从20世纪90年代初开始。随着中韩两国的建交，越来越多的中国朝鲜族以探亲、劳务、国际婚姻等方式进入韩国。而在韩国，则将中国的朝鲜族统称为"在外同胞"。"在外同胞"是在外居住韩国国民、外国国籍同胞、无国籍韩民族等居住在海外的韩民族的统称。① 为了保护在外同胞在韩国内外的权益，并争取他们为韩国服务，1996年2月，韩国政府成立国务总理所属机构"在外同胞委员会"；1997年10月，在韩国外交通商部属下成立"在外同胞财团"；1999年，韩国法务部颁布了《在外同胞法》。该法案的制定和出台一开始并不包括中国、俄罗斯等地区的韩民族，直到2004年才出台新法案将中国和俄罗斯的韩民族同胞纳进来。为了争取更多的中国朝鲜族和俄罗斯"高丽人"（俄罗斯的韩裔自称为高丽人，因此在这篇报告中也以"高丽人"称之）进入韩国打工，2007年3月，韩国政府专门出台了在外同胞访问就业制。该访问就业制规定：只要年满25周岁，通过韩国语考试的中国、俄罗斯的在外同胞就有机会获得5年签证，在签证有效期内可以自由出入韩国并在韩国就业。2009年，放宽了在外同胞永久居留权的申请条件。据韩国法务部的统计，截至2012年6月，居留在韩国的中国朝鲜族已达到368 163人②，占在韩外国人总人口的37.7%，占在韩国居留中国人总人口的71.4%。

与此同时，2009年，韩国政府针对长期居住在海外且仍然保留韩国国籍的韩国人，宣布海外国民可以参加国内的选举，从2012年开始，实施在外选举制度，允许海外韩国人直接参加投票活动。也就是说，在外选举制度是承认包括获得外国永久居留权的韩国人的选举权。

二、在外韩人网络的建构

1. 世界韩商大会

在外同胞财团中，在外韩人经济人的商业网络建构是该财团最重要的项目之一，希望通过在外同胞经济人的商业网络给韩国带来更多的经济利益。因此，在

---

① 韩国在外同胞财团官方网站，http：//www. okf. or. kr。

② 韩国法务部官方网站，http：//www. moj. go. kr/HP/COM/bbs_ 03/ListShowData. do？strNbodCd = noti0097&strWrtNo = 96&strAnsNo = A&strNbodCd = noti0703&strFilePath = moj/&strRtnURL = MOJ_ 40402000&strOrgGbnCd =104000&strThisPage =1&strNbodCdGbn = 。

外同胞财团经济项目科一直致力于在外同胞商人即韩商网络的建立和扩大，促进国内外同胞之间的交流，加强在外同胞商人之间的联系以提高其在所在国的经济地位，并与母国建立"韩民族经济共同体网络"。从 2002 年在韩国首尔成功举办第一届"世界韩商大会"（The World Korean Business Convention）开始，每年都在韩国举办一次该会议。

世界韩商大会的主要活动有：CEO 论坛；下一代经济人论坛；金融、流通、新技术、时尚、生活等产业信息方面的商业论坛；在外同胞和国内企业间的一对一商业面洽等。大会的企划、运营和执行均由在外同胞财团的下属机构韩商本部事务局来负责实施。

世界韩商大会自 2002 年举办以来，积极向国内外商人提供交流信息的机会和场所，成为世界韩商网络交流的基石，已经有稳定的参会集团、企业和商人（参见表2）。而且，中小企业可以在世界韩商大会中展览商品并洽谈出口事宜，帮助中小企业走出国门。与会者的住宿费、购物等活动也为举办该大会的城市带来更多的活力和经济效益。

表 2 历届世界韩商大会情况①

	第一届	第二届	第三届	第四届	第五届	第六届	第七届	第八届	第九届	第十届
时间	2002.2	2003.10	2004.10	2005.9	2006.10	2007.10	2008.10	2009.10	2010.10	2011.11
地点	首尔	首尔	济州岛	京畿道	釜山	釜山	济州岛	仁川	大邱	釜山
参加国家（个）	28	40	37	36	39	35	35	42	40	40
参加人员（人）	968	1 263	1 606	1 517	2 285	2 800	3 340	3 505	3 500	3 300

2010 年 6 月，在外同胞财团成立"世界韩商信息中心"（www. hansang. net），以弥补韩商大会不能持续发挥功能的局限性。该网站包含以下主要内容：向会员提供世界韩人商业社团和人物的信息；创设共享项目资讯的空间——"项目类网络"；指导韩商商务；报道韩商相关新闻（包括介绍国内外成功企业的案例、地方经济资讯、企业招聘等内容）；发布历届韩商大会的信息与资料等。

世界韩商信息中心的成立是为了克服以"世界韩商大会"为主的一次性活动的局限性，不过，从其网站运营来看效果并不明显。首先，网站运营并不多样

---

① 有关世界韩商大会的资料信息均来自世界韩商大会官方网站，http：//hansang. korean. net/index. do，由笔者整理具体数据。

化，比如，世界韩商信息中心的"项目类网络"中的企业只有制造业、服务业、金融业和贸易业，其他行业并不在其中。而且，从这些企业的信息来看，登记之后就不曾更新或增加过。其次，世界韩商信息中心的很多功能与其他组织的功能重复，比如，各地区商业信息资料早已由 KOTRA① 等组织提供或共享了。

2. 在华韩商网络

中国韩国商会（Korea Chamber of Commerce in China）成立于 1993 年 12 月，是吸纳在华投资的韩国企业为会员的经济团体，是获得中国政府承认的第七个在华外国人商会。目前，中国韩国商会在中国设有 46 个分支机构，分布在北京、上海、天津等地，会员达 5 541 家。② 中国韩国商会的宗旨是：增进驻华韩国企业之间经济信息的交流；维护在华经营活动的权益；加强本会会员与中国企业、驻华外国企业之间的相互交流与合作。

中国韩国商会专门建立了 Korcham – China 邮件服务，向会员提供中国主要报纸杂志的经济商业信息、政策法规等资料，同时向韩国企业提供投资经营活动的咨询服务，如投资贸易、税务财务、劳资问题等方面，而且还有偿提供成立公司的程序咨询等。有偿提供咨询中心于 1994 年成立起至 2008 年已接待 122 件案例。

1999 年，中国韩人商会在北京成立，它是"在中国韩人会"的前身。按照中国政府的规定：一个国家（指外国）只能承认一个商业组织，而早在 1993 年中国韩国商会就已获得中国政府的承认，所以，目前"在中国韩人会"虽然在中国 54 个地区成立了韩人会③，但是仍然没有得到中国政府的正式承认。

"在中国韩人会"有三大方针，即"建构全中国韩人网络及地区活跃化；增进韩中友好最大化；注重韩国人的认同以提高其地位"。在中国韩人会不仅要建立与经济相关的网络，而且要通过韩商网络建立更加广泛的韩国人网络。其具体活动内容有：发行侨民报纸《中国韩人会报》；开展韩中文化交流事业、进行中国大学生奖学金的选拔；促进中韩两国城市之间的交流与合作，积极推进中韩两国小学校之间缔结姐妹关系；帮助韩人周边的"不幸中国邻居"等志愿活动。同时，还要在中国各大城市成立韩国语学校、韩国侨民图书馆，组织韩国人汉语辩论大赛、韩国人大学生就业宣讲会、音乐会、韩民族体育大赛，以及成立韩人会馆、建立老人院等。总之，其主要的目标便是增强在华韩国人认同感，并为提高韩国人社会组织水平而努力。

---

① Korea Trade – Investment Promotion Agency，大韩贸易投资振兴公社，是韩国政府下设的对外贸易促进机构。

② 中国韩国商会官方网站，http://www.korcham – china.net/Service/Main/appl/main.asp。

③ 在中国韩人会官方网站，http://www.koreansic.org/。

三、韩国侨务公共外交政策的机制、模式和成效

（一）韩国侨务公共外交的机制

关于韩国的散居者公共外交应采取什么样的体制，战略方针是什么，韩国首尔大学教授申范植提出了韩国的侨务公共外交应具有如下三个机制①：

（1）海外散居者网络的形成与再构化。如前所述，海外韩人社会以设立韩人会等组织聚集韩人的凝聚力，也有工商界联合会等组织。而事实上，海外韩人组织虽然很多，可是能够对所在国主流社会有影响力的组织并不多。尤其要注意的是，新一代韩裔过着与韩国毫无关系的生活，而这一代新人中已有不少人进入美国上流社会，或正在进入美国上流社会。韩裔美国人社团财团（KACF）是在韩国纽约大使馆的推动下成立的，这一自发的民间社团已经茁壮成长，引起纽约名流、政治团体的注意。同时，KACF 的成功事例也刺激和影响了其他地区的韩人社会，比如美国西北部地区和温哥华的韩人社会中也出现了像 KACF 的社团组织。为了学习和掌握 KACF 的运营方式，温哥华的韩人社会还专门派遣实习生到纽约学习。他们之间的交流、合作与传播会不断扩大，并最终形成网络。

从 KACF 的事例中可以看出，形成当地韩人网络要坚持自发性原则和对当地社会作出贡献的原则。网络的重要基础不仅在于利益，也在于价值。成功的韩人组织不仅为韩人社会谋求福利，而且会对当地社会的发展和政治过程作出贡献。

（2）国内各种公共外交主体与海外韩人组织之间的网络重组。为了同海外韩人社团组织相呼应，聚集海外韩人的网络，由政府推动国内的民间团体与海外韩人社团相联系。在科技、知识、文化、工商业等各领域中，由业缘组成的社团组织是超国家的跨国网络。目前，韩国政府已经着手支持国内相应的非政府组织的建立，促进国内民间组织与海外团体之间的合作，以期产生巨大的综合效应。比如，世界韩商事务局、韩国国际交流财团、国际广播交流财团等各种非营利性组织在政府所属机关下成立。在外同胞财团等虽然不是政府组织，却是承担政府侨务公共外交的主要部门。

（3）组建海内外网络相结合的网络型散居者公共外交机制。韩国政府充分肯定散居者的贡献，并给予相应的优惠。政府应致力于将本国的科学、经济、产业、文化等领域和散居者社会联系起来。

---

① ［韩］申范植：《散居者公共外交：关于推动在外韩人公共外交的机制与战略》，转译自신범식（首尔大学）的《디아스포라 공공외교: 재외 한인 관련 공공외교의 추진 체계와 전략》。

为了实施以上工作，首先要解决的是科学技术、文化、经济等各方面的多重性网络，掌握海外散居者的人力资源。为了组织和形成网络，初期需要更多的财政支持和行政支持。我们首先要建立相关的数据库，将各种各样的网站、媒体等集中起来提供给散居者和散居者公共外交网络相关主体。这些正是政府要做的，即收集和分析情报，并向侨胞提供这些信息和数据。

其次，还需要做到：散居者相关的项目，如对海外商人的税率优惠及免税等；承认双重国籍、赋予选举权等具体且有可能实现的政策，加强与散居者的联系。这并不仅仅是制度所要解决的问题。政府对公共外交的认识和实践程度决定着公共外交的影响力。例如，总统访问外国时，本着实现外交的目的，鼓励当地散居者组织的政策。

再次，为了实现散居者公共外交，还需要政策网络的建构。在散居者公共外交方面，政府是公共外交成功的关键所在。但是，政府无条件发挥其作用也是不现实的。虽然有很多领域需要由政府来主导，但是相当一部分也需要民间组织的参与。

（二）韩国侨务公共外交政策的模式

韩国政府与民间组织为增强散居者的公共外交作用，将这一机制组织化、概念化。有计划、有组织地推动侨务公共外交的模式可分为以下四种模式：

（1）政府主导型模式。韩国信息通信部曾邀请海外韩裔科学家回国帮助韩国 IT 产业的发展，确实得到了不少帮助。中国台湾青少年委员会（National Youth Commission）也是散居者公共外交活动中政府主导型模式的典范。目前，中国政府也积极争取海外高科技华侨华人的支持，出台各种优惠政策吸引海外人才。

（2）社团主导型模式。充分发挥社团或草根组织（풀뿌리 차원）的主导权，加强本国与散居者之间的联系。居住在美国的亚美尼亚人社团（Armenian Engineers and Scientists of America）、海外阿拉伯高科技人才网（Network of Arab Scientists and Technologists Abroad）等组织，积极推动与本国的联系，并开发相关合作项目。当然，这种情况也必须得到祖（籍）国政府的积极响应和支持，而且与祖（籍）国非政府机构或民间团体的合作也是散居者公共外交的有效工具。

（3）国际机构组织主导型模式。由 UN 推动的散居者数据网（Digital Diaspora Network）旨在通过世界散居者网络促进散居者社会和母国之间的关系，进而加强世界散居者之间的联系。这种持久性网络虽然对韩国散居者公共外交不能立即起到作用，但是从中长期角度来看，其散居者网络的持久性中能够迸发出更重要的

动力,所以政府要关注它,必要时还必须参与其中。

(4)非政府机构主导型模式。主要是指大学、社会团体、非政府组织等特定领域中确有实施能力的机关在散居者公共外交活动中发挥中心作用。如麻省理工学院阿拉伯校友会(MIT Arab Alumni),美国的中国工程师学会(Chinese Institute of Engineers)、美国华人创业者协会(Chinese American Entrepreneur Association)等组织就是最好的典范。

以上侨务公共外交模式并不是单一的,在不同时代、不同国家或地区出现了多种模式。可以说,侨务公共外交模式是各种影响力相结合、具有灵活性的网络型组织。

(三) 韩国侨务公共外交政策的成效

(1)通过建立在外韩民族之间的联系,散居者的祖(籍)国可以通过共享信息和相互支持,为祖(籍)国的科学技术发展提供更多的资源,同时,在知识的积累和发挥之间提供了良好的循环基础。在交通、通信技术空前发达的现阶段,不同空间的人们之间越来越容易建立起网络。但是,虽然很多高科技韩裔人才活跃在世界各地,他们之间的联系并不是很多,与韩国之间的联系则更少,国内外之间的连接尚未达到组织有序的水平。

(2)海外韩人网络可成为对祖(籍)国投资的主体,并能推动韩国区域经济走向全球化。例如,中亚塔吉克斯坦等发展中国家的财政收入中,相当一部分是居住在俄罗斯的散居者的汇款;也有很多在美印度裔科学家对印度进行投资。韩国方面,通过主办世界韩商大会,形成了在外同胞商业网络,可以成为韩国实现其外交目标的强有力的支持者。比如,通过第十届世界韩商大会,企业展示件数和商务洽谈件数为 4 657 件,贸易洽谈金额达到 26 425 万美元,签订国内外经济团体之间合作的协议书为 10 份;在第九届世界韩商大会中,企业展示件数和商务洽谈件数为 2 068 件,贸易洽谈金额达到 25 600 万美元,签订国内外经济团体之间合作的协议书为 27 份;在第八届世界韩商大会中,企业展示件数和商务洽谈件数为 1 619 件,贸易洽谈金额达到 41 879 万美元,现场签订合同书达 79 份,其金额为 7 373 万美元,签订国内外经济团体之间合作的协议书为 8 件。[①]以上情况,请参见表3。

---

① 数据来源于世界韩商大会官方网站,http://hansang. korean. net,由笔者整理统计。

表3　历届世界韩商大会取得的经济效益

	企业展示、商务洽谈件数（件）	贸易洽谈额（万美元）	经济团体合作协议书（份）	备注
第一届（2002年）	6	约10 000	6	
第二届（2003年）	195	2 372		
第三届（2004年）	574	51 599		
第四届（2005年）	9 171	约38 400	6	
第五届（2006年）	6 443	约35 800	6	通过举办此次大会，釜山市取得185亿韩元的经济效益
第六届（2007年）	4 373	37 622	7	现场签订合同金额达6 356万美元，是第五届的5倍
第七届（2008年）	2 293	56 421	7	
第八届（2009年）	1 619	41 879	8	现场签订合同书达79件，其金额为7 373万美元
第九届（2010年）	2 068	25 600	27	
第十届（2011年）	4 657	26 425	10	

最后，韩人网络能够承担母国文化开发和传播的桥头堡作用。最近，由韩国影视作品和饮食文化所引发的韩流风在欧洲颇受关注，进而扩散到包括韩国漫画和大众歌曲等韩国文化。

总之，为了增强海外韩人对韩国的认同感，促进国内外韩人之间的相互联系与繁荣，韩国政府不停地创造更多领域的合作机制。

四、对中国侨务公共外交的借鉴意义

虽然韩国的侨务公共外交政策起步较晚，但是在这短短的十几年间取得了不小的成果，分布于世界170多个国家的韩商之间的联系日渐密切，韩商的超国家

经济活动日益频繁。而中国拥有分布在世界各地的6 000万海外华人，也正积极致力于侨务公共外交，通过以上对韩国侨务公共外交政策的分析，我们有以下几点可以借鉴：

（1）应充分调动侨务公共外交实施主体的积极性，有计划、有组织地推动侨务公共外交。国务院侨务办公室是专门负责华侨华人事务的国家机构，熟悉海外华人的情况，能够代表政府直接与海外华人社会接触，由其负责组织华侨华人的公共外交工作，可以更有效地促进海外华人社会与中国的联系，并且能够为正在考虑回国的海外华侨华人提供更好的平台。同时，还要鼓励国内社团、非政府组织与华人社团之间的联系与合作，并开发相关合作项目。北美地区有不少专业华人社团，如美国的中国工程师学会、美国华人创业者协会、美中高层次人才交流协会、哈佛大学中国学生学者联谊会等。通过与他们的交流及传播信息，可以进一步加强中国民间团体与华人社团、当地非华人社团之间的联系，增进不同文化的交流与融合。

（2）针对华侨华人的公共外交资源，作深入而具体的了解和调研。海外华人人数众多，他们的作用之一是作为中华民族文化的展示渠道，但是如何充分发挥他们的作用呢？首先，必须对现有资源进行摸底、调研工作，在组织联谊、宣传教育、招才引智等工作基础上，加大对外宣传的力度，包括加强那些可能发挥重要作用的海外传媒人士、学术界和企业界、文化界人士同中国的联系，调整相关思路。其次，除了联系海外的华侨华人外，还应该将范围扩大至在中国学习、工作和生活的华裔华人，这样，我们就能够有一个庞大的侨务公共外交资源库。在掌握了这些资源之后，我们可以通过不同的渠道（如举办文化交流、学术活动、国际论坛、培训等活动）与他们保持密切的联系，使他们了解中国的最新发展和政策动态，并通过他们向海外传播中国的新形象。

（3）构筑侨务公共外交网络平台，让国内外民众参与到侨务公共外交中来。伴随着互联网、电子邮件、即时通信软件、在线论坛、个人博客和微博等的迅速发展，每个单独的个体都从众多的工具中寻找到最简单和最便捷的工具去获取与中国外交政策相关的信息和知识。因此，政府应设立专门的侨务网络媒体平台，向国内外网民开放，向他们全面展现中国的发展，搭建海外华侨华人与侨乡之间的信息共享平台，向他们提供公开交流的机会，并对此进行正确的引导，这样有利于加强华人与侨乡之间的感情，进而向外国民众树立和谐中国形象，也有利于消除他国公众可能存在的误解。同时，通过展示我们的文化和价值观，积极影响他国公众对于我们的正面认知，提升国家的整体形象和国际影响力，以维护和促进我国利益。

那么，如何建立侨务公共外交网络呢？我们可以参考韩国建立侨务公共外交

网络的经验。韩国侨务公共外交网络是由韩国在外同胞财团所创立和主导的，该财团从收集在外韩人数据库开始，向国内外企业、集团、个人提供信息和咨询，扩大其影响力。在外同胞财团的四大重点项目之一的"全球韩人网络的构建"是利用互联网促进海内外的韩民族凝聚力，共享集团、企业和团体数据库的网络，同时也是实实在在的韩人关系网络。

我们政府应该成为侨务公共外交网络的枢纽。政府职能中应具有根据不同问题扮演不同角色的弹性。侨务部门应该担当侨务公共外交网络的经纪人（Broker）或协调人（Coordinator）角色，这是侨务公共外交的重要内容。

同时，我们也要注意利用在华的外国人及其组织。据公安部出入境管理局统计，2008 年，外国人来华的入出境为 4 800 多万人次；2009 年，这个数据为 4 300 多万人次；2010 年，外国人入出境共计 5 211.2 万人次；2011 年，外国人入出境共计 5 412 万人次，同比增长 3.9%。[①] 2012 年，外国人入出境为 5 435.15 万人次。[②] 2013 年的数据虽有所减小，但也达到 5 250.91 万人次。[③] 外国人来华人数居前十位的国家分别是韩国、日本、俄罗斯、美国、马来西亚、新加坡、越南、蒙古、菲律宾、加拿大。在在华外国人及其集团渐增的趋势下，我们政府部门有必要对在华外国人社区和社团进行有组织、有步骤的合作和引导，充分促使他们之间的网络为我国所用，使他们成为我国与他们祖（籍）国之间的桥梁。

---

① 公安部出入境管理局官方网站，http：//www. mps. gov. cn/n16/n84147/n84211/n84424/index. html。

② 新华网，http：//news. xinhuanet. com/politics/2013 – 01/15/c_ 114378807. htm。

③ 凤凰资讯网，http：//news. ifeng. com/gundong/detail_ 2014_ 01/15/33047324_ 0. shtml。

第八章　俄罗斯对华公共外交——以"俄罗斯科学文化国际交流（合作）中心"为例[①]

俄罗斯是一个具有悠久外交传统的国家，但在公共外交方面仍是新手。俄罗斯公共外交的发展过程继承了现实主义、自由主义和建构主义的精髓部分，同时也具有明显的俄罗斯特色。为发展本国的公共外交，俄罗斯调整了其公共外交的执行机构"俄罗斯科学文化国际交流（合作）中心"的隶属关系，并给予了资金、职能等较全面的支持。俄罗斯对中国的公共外交并非俄罗斯公共外交的重点，但在与中国人民对外友好协会的互动下，中俄间的公共外交也取得了丰硕的成果。根据俄罗斯科学文化国际交流（合作）中心目前对中国的工作内容，笔者也提出了中国对俄罗斯外交政策相应的措施与建议。

一、俄罗斯公共外交的主导思想的衍变

由于其独特的国情，俄罗斯公共外交的主导思想有着自身的特点。从普京第一次入主克里姆林宫开始，俄罗斯公共外交的主导思想就发生了三次微妙的变化。

第一次变化，2002 年 2 月 5 日，总统普京发布关于将俄罗斯联邦政府所属俄罗斯科学文化国际交流（合作）中心改为俄罗斯联邦外交部所属俄罗斯科学文化国际交流（合作）中心的总统令。改变此隶属关系，是为了加强联邦外交部在执行国家对外政治路线和发展与世界其他国家经济、科技、文化合作中的指导作用。从世界局势的角度来看，"9·11"事件后，美国学界对公共外交的研究更加关注。克里斯托弗·罗斯、爱德华·考夫曼、拉米斯·阿多尼、安东尼·布林肯四位学者在《华盛顿季刊》2002 年春季号上分别发表了《公共外交已经成长起来》、《赢得媒体战争的广播战略》、《事实胜于雄辩》和《打赢观念之战》四篇文章，以翔实客观的事实论证了开展公共外交的紧迫性和必要性。普京也意识到了公共外交对于传统外交的补充作用，因此颁布了总统令，将俄罗斯科学文化国际交流（合作）中心直接调整到外交部属下，能够更直接地接洽公共外交工

---

① 本章执笔人：苗超。

作，配合传统外交。

第二次变化，2010 年 4 月，梅德韦杰夫总统在接受西方媒体采访时说道："我们都明白，这个世界是相互依存的世界，应当相互协作降低军事、恐怖和生态领域的威胁水平，俄愿与各国保持良好关系，并且愿与其他国家共同发展。希望俄罗斯保持微笑的面孔，应当与其他国家保持相互微笑，我们不对任何国家咬牙切齿，憎恨和生气。"这段话明显表现出，俄罗斯在新的国际环境中不会坚持"贪婪"、"生硬"、"粗暴"和"非理性"等形象，而是希望以微笑的新形象融入国际社会。也就是说，梅德韦杰夫期望俄罗斯能够更进一步地通过"微笑"公共外交获得国际社会的认可。

第三次变化，普京于 2012 年 3 月再次入主克里姆林宫后，燃起了"归位后的五把火"，其中立法引起的轩然大波最引人注意，部分立法也直接对俄罗斯的公共外交产生了一定的影响。俄罗斯国家杜马通过的关于严惩集会规定的法律、关于非营利性组织的法律、关于互联网黑名单和诽谤罪的法律，尽管普京和大多数议会都坚持阐明，新法规并不是在限制公民自由，而是在保护公民权利，但仍旧被普京的反对派看作是对新闻自由和社会团体的威胁。

影响俄罗斯公共外交的立法主要是关于严惩集会规定的法律和关于非营利性组织的法律。根据关于非营利性组织法，一些从外国获得资助并从事政治活动的非营利性组织被定性为"外国代理人"。普京认为，完全有理由通过这份法律。他还指出，在美国，类似这样的法律已经存在了数十年。尽管如此，还是有一系列非营利性组织强烈批评这份法律，因为他们担心这份法律会成为俄罗斯当局阻挠他们工作的一把利剑。

2012 年 5 月 6 日，莫斯科反对派大型集会引发了警民冲突，随后，尽管在杜马引起了激烈讨论，但多数议员仍然通过法律，而后总统签署了法律，针对组织大规模集会活动期间违反规定而处以高额罚款。

这两项立法，从法律的角度减小了民众参与政治的可能性和力度，这说明普京总统对于公共外交仍处于较为保守的层面。

二、公共外交的本质特点与俄罗斯公共外交

（一）现实主义与公共外交

现实主义的重要代表人物汉斯·摩根索大力宣传"威望政策"。其目的，是使别国对自己国家实际拥有的权力，或它自认为拥有的权力，或想使别国相信它拥有的权力产生深刻的印象。为达到这个目的，可以使用两个具体方法：广义的

外交礼仪和炫耀武力。① 例如，大使要多多参加社交活动，以求对美国的事务和官员获得印象，反过来也使自己和他的国家的特征在公众心中留下印象。② 对于政府来说，还必须赢得其他国家的公众舆论对其内外政策的支持。③ 实施外交政策而运用宣传手段并没有什么新奇之处，宣传已经成为外交政策的一个独立的工具，与外交和武力这些传统工具相配合，阻止别国内部的权力分配发生对自己不利的变化，促使其发生对自己有利的变化，对那些为争取人心归顺而从事科学哲学斗争的竞争者来说，已变得至关重要。④ 进攻性现实主义的代表约翰·米尔斯海默主张"反恐"应推行"赢得人心的战略"，反对"先发制人"的战略。⑤ 现实主义告诉我们，国家的本质就在于维护国家利益。从这个角度来讲，俄罗斯公共外交的本质毫无疑问是维护俄罗斯的国家利益，这与现实主义是一致的。

（二）自由主义与公共外交

自由主义的核心假定有三个：一是无论在国内政治还是国际政治中，个人或者团体都是最重要的行为体，个人行为与世界政治有直接的关联；二是国家（或个人意志的代表）也是世界政治的基本行为体，但自由主义视角下的国家只是国内社会利益的集合体，其政策与行为是由国内社会团体与个人的偏好累积而成的；三是自由主义从国家与社会关系出发考察国际政治，重视社会因素的作用。这里的社会因素有两层，即国内市民社会和跨国市民社会。

约瑟夫·奈认为，在国际政治中，一个国家取得它所选择的结果可能是因为别的国家会以其为榜样，或者接受一种会导致这种结果出现的制度。这种与文化、意识形态以及社会制度等无形力量相关的左右他人意愿的能力就是软实力。⑥ "软实力"是"塑造他者期望的能力可依赖于某国的文化和意识形态的吸引力，或控制政治议程以使得其他国家无法实现其目标（因其过于不切实际）的能力"。他认为，在信息经济和跨国相互依赖的时代，"一个国家文化的普世

---

① ［德］汉斯·摩根索著，徐昕等译：《国家间政治：权力斗争与和平》，北京：北京大学出版社2006年版，第110页。

② ［德］汉斯·摩根索著，徐昕等译：《国家间政治：权力斗争与和平》，北京：北京大学出版社2006年版，第113页。

③ ［德］汉斯·摩根索著，徐昕等译：《国家间政治：权力斗争与和平》，北京：北京大学出版社2006年版，第186页。

④ ［德］汉斯·摩根索著，徐昕等译：《国家间政治：权力斗争与和平》，北京：北京大学出版社2006年版，第366页。

⑤ ［美］约翰·米尔斯海默著，王义桅、唐小松译：《大国政治的悲剧》（序言），上海：上海人民出版社2003年版，第3页。

⑥ J. S. Nye, Softpower, *Foreign Policy*, Autumn, 1990, No. 80, pp. 153 – 172.

性及其建立有利的规则和制度，控制国际行为领域的能力是关键性的权力之源"。① 软实力的提升是公共外交的一个目的。

公共外交是让本国的内外政策得到另一国民众的理解与认同，这种认同是软实力的提升。软实力的提升能使一国在对另一国的外交政策中遭到另一国民众更小的抵制，并且随着这种软实力的提升使一国在对外交往中获取更多的利益，甚至带动硬权力层次影响的提升。同时，公共外交的开展必须依赖软实力资源，没有软实力的国家在开展公共外交时将会面临着"巧妇难为无米之炊"的尴尬局面。自由主义告诉我们，软实力的作用已然不可忽视。从这个角度上讲，俄罗斯公共外交的目的之一是软实力的提升，这与自由主义是一致的。

（三）建构主义与公共外交

亚历山大·温特在《国际政治的社会理论》中指出，建构主义有两条基本原则：第一，人类关系的结构主要是由共有观念而不是物质力量决定的；第二，行为体身份和利益是由这些共有观念建构而成的。② 公共外交正是通过文化的传播来与另一国民众进行沟通的。公共外交的主要内容是对外信息传播和对外文化交流，其主要形式是信息和语言，强调文化认同在国际关系中的重要作用。公共外交通过与另一个国家公众进行沟通，来获得对方的理解和认同。此认同是初级的、单方面的，随着公共外交在所有国家的开展，随着文化、文明之间的摩擦减少，共有观念就会随之产生，随之而来的是一种全新的无政府逻辑。公共外交将建构主义强调角色、身份和认同的理念付诸实践。从这个角度上讲，俄罗斯公共外交的主要内容是对外信息传播和对外文化交流，这与建构主义是一致的。

总而言之，现实主义、自由主义与建构主义都在一定程度上对公共外交提供了理论支持。

三、俄罗斯科学文化国际交流（合作）中心与俄罗斯对华公共外交

公共外交的成立有两个假设：一是另一个国家的公民社会必须足够强大，以至于政府的外交政策不能忽视民众的意见；二是政府的政治体制和外交决策体制是民主体制，在决策权力上是分散的。如果从这个角度来讲，民众参与程度是公共外交的重要衡量标准之一，俄罗斯威权政体下不断收缩民众活动能力，不断增

---

① ［美］约瑟夫·奈著，门洪华译：《硬权力与软实力》，北京：北京大学出版社2005年版，第118页。

② ［挪］亚历山大·温特著，秦亚青译：《国际政治的社会理论》，上海：上海人民出版社2000年版，第1页。

强对民众和媒体的控制力，这是公共外交作用降低的一个侧面反映。但不可否认的是，在俄罗斯科学文化国际交流（合作）中心的积极努力下，俄罗斯的公共外交取得了相当令人瞩目的成就。

俄罗斯科学文化国际交流（合作）中心作为执行俄罗斯公共外交任务的主要机构，承担了该国在全球范围内的公共外交拓展工作。在 60 个国家设有代表处，其中包括 43 个俄罗斯科学文化中心。该中心及其海外机构的活动致力于对外介绍俄罗斯当前的情况、俄罗斯的历史和文化遗产以及俄罗斯国内正在进行的各种改革情况。中心与中央和地方政权执行机构，联邦会议以及各个科学、文化、社会组织协调合作。

2002 年 2 月 5 日，普京总统发布了关于将俄罗斯联邦政府所属俄罗斯科学文化国际交流（合作）中心改为俄罗斯联邦外交部所属俄罗斯科学文化国际交流（合作）中心的总统令。改变此隶属关系，是为了加强联邦外交部在执行国家对外政治路线和发展与世界其他国家经济、科技、文化合作中的指导作用。

俄罗斯科学文化国际交流（合作）中心的主要职能有：促进俄罗斯联邦发展多边对外联系，在对国际法取得共识的基础上实施基本法，保障国家利益，与国外的社会团体、组织展开相互协作；参与俄罗斯联邦对外政策行动的信息保障；参与俄罗斯联邦人文、科学和文化行动的计划、组织与实施；促进发展俄罗斯与国际非政府组织的联系，旨在加强人民之间的国际合作及相互理解；促进发展俄罗斯联邦在教育领域的国际关系，推动俄罗斯学术组织在国外的教育服务；组织有关的俄罗斯学术机构及其团体在国外的书籍出版发行工作；在国外，宣传、推广俄罗斯语言及俄罗斯文化，支持其活动；促进确立和发展以俄罗斯联邦为主体的国际联系；指导友好城市间的联系；促进国际经济、科学和文化的交流与接触；为俄罗斯科学文化国际交流（合作）中心职能的实现提供必要的保障条件。①

俄罗斯科学文化国际交流（合作）中心为了对国外环境施加积极的影响，实现一系列教育文化、与同胞合作、信息政策以及科技和实业合作领域的国际项目，采用了更丰富的手段和工具。这些都是在已经形成的国际公共外交体系下，在国外的公民社会环境中开展的。国家的正面形象不仅关系到国家威望，而且也是解决俄罗斯面临的外交问题和从整体上提高其政治"资本"的重要因素。树立国家的正面形象，这在很大程度上涉及的正是公共外交领域。如今，公共外交与对外宣传的最大差别在于它不单是传播自己的观点，还要与宣传对象建立起信任关系。

---

① 李力：《俄罗斯科学文化国际交流中心》，《全球科技经济瞭望》2002 年第 8 期，第 50 页。

根据俄罗斯科学文化国际交流（合作）中心的经验总结，该中心的具体工作渠道和内容包括如下八个方面：

（1）该中心认为，国际关系领域对公共外交和非政府组织外交手段及其专家咨询和信息服务的需求日益增强。因此，非政府组织和专家团体在国家关系和境外宣传的现代工作体系中受到了特别关注，不仅能够主导社会舆论，甚至能影响政治决议。组织和参与大型研讨会，引导国际社会舆论，宣传俄罗斯的理念是该中心的重要任务。

中俄之间召开过"中俄森林资源开发研讨会"、"中俄高新技术合作研讨会"、"中俄区域合作与发展国际研讨会"、"中俄资产评估研讨会"、"中俄规范贸易秩序研讨会"等诸多种类的研讨会，学界和专家们通过积极热烈的讨论，友好地交换了意见。2011年12月1—2日，在莫斯科举行了题为"中俄在金砖国家及亚太地区多边结构中的合作潜力"的中俄研讨会，该研讨会的主办方为"俄罗斯世界"基金会，协办方是俄罗斯外交部。双方对各种国际和地区问题、金砖国家和上合组织框架内的问题进行了讨论。更具深远意义的是，双方就定期举行此类中俄会晤达成共识。2012年的春天，第二届中俄亚太地区合作研讨会在北京举行。

（2）为了建立与国外非政府组织的伙伴关系网，制定人文政策领域信息保障的联合项目，中心通过与非政府组织签署伙伴关系与合作协定，使许多公共关系变得更加具体和牢固。俄罗斯科学文化国际交流（合作）中心在我国的重要传统合作单位是中国人民对外友好协会。

中国人民对外友好协会对中俄文化、科技和教育等领域的交往与合作作出了重要的贡献，从20世纪90年代起，就担负起中国对俄公共外交的使命。1996年4月30日至5月16日，苏联驻中国专家组组长、苏联部长会议副主席、俄中友好协会名誉主席阿尔希波夫就应中国人民对外友好协会的邀请访华。1998年9月16—18日，当时仍属联邦的俄罗斯科学文化国际交流（合作）中心就与中国人民对外友好协会等组织在莫斯科联合举办了中俄军转民合作研讨会。2002年，俄罗斯科学文化国际交流（合作）中心隶属关系改变后，双方每两年签署一项合作计划，规定具体合作项目。其中包括定期举办旨在促进中俄经贸、科技、文化教育及地区合作等不同领域的大型研讨会，组派专业代表团，举办友好纪念活动。"中国年"和"俄罗斯年"就是双方于2008年签署的重要协议之一。

（3）在信息宣传方面，特别关注对青年的工作。仅在2006年，俄罗斯科学文化国际交流（合作）中心就在全世界60多个国家举办了200多次不同的比赛以及1 000多场书画展和摄影展，吸引了超过50万人次的参与。截至2009年，中国在俄罗斯的各类留学生有15 000人。

在对中国青少年的工作方面，"中俄青少年科技文化交流活动"是中俄间青少年交流的特色活动。这是由中国科技部、中国科学技术协会、中国人民对外友好协会和俄罗斯科学文化国际交流（合作）中心共同组织的青少年夏令营活动。2006年，在中国组织了"中俄青少年科普交流活动"。2007年，在俄罗斯举办了"中俄青少年科技文化交流活动"。青少年是国家的未来，此活动为中俄两国青少年提供了一个良好的相互学习、增进了解、增进友谊的机会，对于培养中俄年轻一代的友好感情、促进两国人民世代友好意义重大。

（4）为搭建由俄罗斯和世界权威的社会活动家、政治学家、历史学家、经济学家和文化学者参加的定期对话平台，俄罗斯科学文化国际交流（合作）中心积极参与到重要的国际论坛当中，他们认为这些平台对通过政治决议和研究双边及多边关系的发展战略具有一定的影响力。在中国，他们积极关注支持上海合作组织的发展。

（5）俄罗斯科学文化国际交流（合作）中心主要通过各国当地的媒体对在国家科学文化合作中心的平台上开展的重要活动进行报道。他们与包括俄新社和塔斯社在内的俄罗斯新闻界，各国当地媒体进行了密切合作，而在当地媒体中又常常先与俄语媒体进行合作。*The Moscow Times*、*The Moscow News* 和 *Kommersant* 都是中心发布信息的主要渠道，因其为英文报纸，也是中国人了解俄罗斯的重要媒体。中俄交流网也是中心发布信息的中文网站，其中记录了俄罗斯科学文化国际交流（合作）中心与中国人民对外友好协会的许多合作内容。

（6）重点建设与当地大学、科研机构和专家中心的伙伴关系，其中包括在俄罗斯建立中国研究机构、在中国建立俄罗斯研究机构等学术组织。

2006年12月21日，俄罗斯第一所正式运作的"孔子学院"在远东国立大学挂牌成立。中国驻哈巴罗夫斯克总领事范先荣和俄罗斯远东国立大学校长库里洛夫等出席了仪式。12月26日，中国驻俄大使刘古昌代表国家汉语国际推广领导小组办公室与俄罗斯国立人文大学校长比沃瓦尔签署了合作建设俄罗斯国立人文大学"孔子学院"的协议。2007年4月25日，刘古昌又与俄罗斯喀山国立大学校长萨拉霍夫签署了合作建设孔子学院的协议。5月15日，范先荣总领事出席了阿穆尔州布拉戈维申斯克国立师范大学孔子学院的签字仪式。一时间，孔子学院在俄罗斯如雨后春笋般地发展起来。截至2013年底，俄方高校已经建立18所孔子学院和4所孔子课堂。俄罗斯在中国建立俄罗斯或中俄研究机构也越发重要。中国社会科学院于1995年成立了中国社会科学院俄罗斯研究中心，后又相继成立了复旦大学俄罗斯中亚研究中心、华东师范大学俄罗斯研究中心、黑龙江大学俄罗斯研究中心、黑龙江大学东北亚研究中心、北京师范大学俄罗斯研究中心等一系列俄罗斯研究机构。2012年4月，继成功举办了两届"中国·俄罗斯21世纪区域合作发展国际论坛"后，"内蒙古大学满洲里学院俄罗斯研究中心"正式成立。

（7）俄罗斯科学文化国际交流（合作）中心的重要工作方向之一是传播俄罗斯文化，尤其是把俄语作为俄罗斯精神文化遗产的一部分进行推广。在中国，俄罗斯科学文化国际交流（合作）中心也建立了相应的机构来执行这项重要工作——北京俄罗斯文化中心。俄罗斯科学文化国际交流（合作）中心和下属机构北京俄罗斯文化中心接受了组织的主要职能后，在实际工作中不断总结经验和教训，已经摸索出一套适合中俄双方关系发展的运行机制。

北京俄罗斯文化中心成立于 2010 年 9 月，设立在北京东城区东直门内大街，是目前中国国内第一家由俄罗斯官方开设的文化中心。俄罗斯文化中心的活动宗旨是开展人文领域的合作，向中国民众介绍俄罗斯丰富的精神和文化遗产，展示俄罗斯在文化、科学、体育等领域取得的巨大成就。

2010 年 9 月俄罗斯文化中心成立之日，总统梅德韦杰夫亲临现场祝贺。2011年 9 月 22 日，在中心成立一周年的招待会上，中国人民对外友好协会会长、中俄友好协会会长陈昊苏致辞说："俄罗斯文化中心在中国首都为中国人民打开了一扇了解俄罗斯的窗口，为开展中俄友好交流活动搭建了精彩舞台，对致力于中俄友好事业的人们来说，这里是温暖的家。"他对俄罗斯文化中心的工作给予了高度的肯定，他认为经过一年多的运作，中心的运行机制已经成熟，同时也表示，今后中国人民对外友好协会将继续为俄罗斯文化中心的发展提供支持和帮助。

北京俄罗斯文化中心主要致力于两项工作：一是教授俄语；二是传播俄罗斯文化。从教授俄语这方面来讲，文化中心已经形成了从初级到中级、高级以及特殊课程层次清晰的教学体系，其教材《迈向俄罗斯的第一步》（初级）、《继续旅程》（中级）、《通向成功之路》（高级）和《俄罗斯周六》（特殊课程）均为文化中心内部材料。培训结束后还将获得北京俄罗斯文化中心的结业证书，中心还可为有意愿参加俄语国家等级考试者组织考试。从俄语的启蒙到不断学习到获得认证，俄罗斯文化中心都形成了一整套完整的运行机制，科学系统地教授俄语。

从传播俄罗斯文化这方面来讲，文化中心组织讲座、摄影展、圆桌会议、教学研讨会、图片展、电影展等各种形式的一系列活动，寓教于乐，为中国人民了解俄罗斯提供一个更加便捷的多媒体窗口，进而促进两国民间文化的交流与合作。以 2012 年 7 月为例，俄罗斯文化中心就组织了"孙中山、宋庆龄和苏联"讲座、"我们的俄罗斯儿童"图书展、"19—20 世纪俄罗斯文学中的爱与家庭"圆桌会议、"俄语学习和教学在密集课程中的特点"教学研讨会、"献给马雅可夫斯基诞辰诗歌朗诵会"、庆祝圣彼得堡"冬宫"博物馆开馆 160 周年系列活动图片展等数十项活动。可以形象地说，俄罗斯国内民众在开展什么活动，北京的

俄罗斯文化中心的中国人也在接受这些活动的熏陶。

俄罗斯文化中心还建立了多媒体图书馆，开放时间为周一至周五的下午 2 点到 7 点，包括图书馆和信息中心两部分。图书馆可满足不同读者的需求，有文学著作、各类罕见书籍、刊物，还有大量俄罗斯艺术画册。中心图书馆还设有以叶利钦命名的总统图书馆电子分馆，拥有大量高清晰度的扫描档案文件和古典藏书。信息中心集中了大量不同的资料，包括俄罗斯艺术品、收藏品和俄罗斯博物馆建筑群。信息中心另有一个俄罗斯联邦立法基站，访问者可以查到俄罗斯法律方面的资料，数据库中包含联邦、各地区及地市级的超过 1 700 万条立法条例。

（8）俄罗斯科学文化国际交流（合作）中心积极支持中俄互办"国家年"活动，取得了丰硕的成果。俄罗斯民众对中国的认识有一个转折点，以中俄互办文化年为契机，俄罗斯民众对中国的认识有了很大程度的改观。2006 年和 2007 年分别为中国的俄罗斯年和俄罗斯的中国年，通过 700 多场文化、艺术展览，使得俄罗斯民众更为清晰和全面地透视中国，对中国的印象有所变化。

2001 年，俄罗斯科学院海参崴历史人文和考古研究所公共事务研究中心在边疆区 6 个居民点对 1 010 名人员进行抽样调查。结果表明：43% ～55% 的被调查者认为中国移民会对俄远东构成威胁或严重威胁，认为中国人正在慢慢吞噬远东地区；82% 的被调查者认为中国人一直把边疆区作为中国领土；74% 的被调查者认为中国人正在把这个地区变成他们的领地，对中国人在这里工作和安家表示不安。① 2004 年，为了评估俄罗斯远东地区居民对待中国和中国人的态度，俄罗斯科学院远东分院历史、考古和民族研究所在俄罗斯滨海边疆区、哈巴罗夫斯克边疆区、阿穆尔州和犹太民族自治专区采用街头随机抽样问卷的方式，对 700 多名俄罗斯多个阶层、多年龄段、多所有制、多教育层次人士作了一次社会舆论民意调查。结果表明：在"俄罗斯人喜欢的国家"中，中国排名倒数第二位；在"对俄罗斯利益及其远东领土构成的诸多威胁"中，"中国的扩张政策"排名第一位；在"中国对俄罗斯的威胁"中，认为对俄罗斯"领土完整"构成威胁的占 58%，认为对"俄罗斯的经济发展"构成威胁的占 32%。② 中国与俄罗斯的关系已经远非当年中国和苏联老大哥的关系。而到了 2007 年俄罗斯的中国年结束后，调查结果就有了明显的变化。由全俄罗斯民意研究中心于 2007 年 6 月 22 日在莫斯科举办的"媒体在增进中俄两国相互理解中的角色和作用"圆桌会议上所发布的调查结果显示，40% 的受访者认为俄中关系平稳正常，17% 的受访者

① 参考李立凡：《中俄关系将接受考验——俄远东地区中国移民问题评述》，《欧亚观察》2001 年第 2 期。

② 朱泾涛、史亚军：《析中俄关系中的相互认知与信任问题》，《东北亚论坛》2007 年第 16 卷第 3 期，第 123～129 页。

评价两国关系睦邻友好，19%的受访者认为俄中保持着友好关系，三者比重相加达76%，比2005年增加了2%。调查还表明，36%的受访者认为中国是俄罗斯的战略和经济伙伴，27%的受访者认为俄罗斯与中国在双边经济合作中平等受益，分别比2005年增加了2.5%和10%。此外，21%的受访者认为俄罗斯应把中国作为东南亚地区的主要伙伴。① 2007年8月，俄罗斯"全俄社会舆论研究中心"进行的一次调查显示，中国已经跃居俄罗斯"友好国家排行榜"的首位，21%的俄罗斯民众认为今后10～15年内中国是俄罗斯最友好的国家。②

四、小　结

在分析了俄罗斯的战略倾向以后，中国应该有针对性地、谨慎地处理对俄关系的方案。

首先，无论是传统外交还是公共外交，2012年之前，中国似乎还不是俄罗斯对外政策的重点。普京第三次任总统后，首次访问的国家是白俄罗斯、德国和法国，而后又访问了乌兹别克斯坦、中国和哈萨克斯坦。这至少说明了三个问题：其一，正如普京总统在2005年对俄罗斯联邦会议发表的国情咨文中提到的那样，"俄罗斯外交最重要的方向过去是，现在也依然是与我们最亲密的邻国——独联体国家的关系"，再次证明了独联体国家才是俄罗斯最重要的伙伴；其二，普京像绝大多数俄罗斯人一样，始终认为自己是欧洲人而非亚洲人，欧洲才是他们外交的主要对象；其三，尽管已经与第二层次的独联体国家在某种程度上比肩，但中国在俄罗斯的战略重要性层面上没有自己认定的那么高。

中俄政治关系顺利发展，从"友好国家"到"建设性伙伴关系"，再到"平等互信、面向21世纪的战略协作伙伴关系"，中俄之间短时间内实现了互信互利身份的不断升级。然而，我们也必须看到，俄罗斯在其对外政策中对中国的定位不高，与我们对俄罗斯的外交定位存在着落差。由于地理和历史渊源，俄罗斯的外交重点是"独联体国家"，一来保障自己的生存空间，二来保证自己拥有间接的出海口。俄罗斯始终自我定位为欧洲国家，尽管在俄罗斯境内存在着欧亚主义、斯拉夫主义等各种思潮，但一直占据主要地位的仍是"欧洲主义"，俄罗斯回归西方世界的理想从来都没有被真正放弃，因此，无论是"一边倒"政策还是"双头鹰"政策，俄罗斯的外交重点始终在美国等西方国家。当然，我们

---

① 熊伊眉：《俄罗斯"中国年"初见收获》，《瞭望》2007年第27期，第55页。
② 李辉：《中俄关系的现状与发展前景——李辉部长助理在第二届"中俄关系的历史与现实"国际学术讨论会上的讲话》，（参见）关贵海、栾景河主编：《中俄关系的历史与现实》（第二辑），北京：社会科学文献出版社2009年版，第7页。

可以换一个角度来思考这个问题。中国可以保持着现在与俄罗斯的政治关系，而不再多谈外交政策，通过公共外交解决中俄的政治问题。通过相互间的沟通交流，增进互信，以微笑外交来回应微笑外交。

其次，尽管俄中两国政府极力推动中俄关系，但是俄罗斯媒体和民众对中国的反应比较冷漠，这便出现了"上热下冷"的局面。从中国媒体中，我们认识到的中俄关系是睦邻友好、战略合作伙伴等很高的定位。然而，经过深入研究，我们发现，俄罗斯媒体和民众对中国的认识是简单、直观甚至肤浅的。他们对中国的兴趣远非中国自己认定的那样浓厚，俄罗斯媒体对中国的报道数量很少，内容也多集中于经济和文化领域。俄罗斯民众对中国的认识多来源于与中国人的交流，对中国文化的崇敬。因此，公共外交对中俄关系的意义就更加重要。中国应当努力通过民间的机构来促进中俄两国人民的交往和交流，"国家年"活动取得的成绩告诉我们，实践经历对俄罗斯普通民众的影响更大、更深刻。

再次，中国要充分利用在俄罗斯已有的基础设施，并积极创造机会，让俄罗斯的年轻一代能够感受中国、体验中国。在俄罗斯国内，要发挥孔子学院的作用，让真正的中国精神和中国力量感染和熏陶俄罗斯的年轻一代。只有明白一个国家的语言，才能更好地认识这个国家。在中国，应借助中国人民对外友好协会等非营利性组织，积极组织俄罗斯的青年人通过夏（冬）令营、中俄青少年联谊等活动，带领俄罗斯学生来中国学习和交流。

最后，逐步完善对俄公共外交的组织机构，培养一批合作的公共外交人员队伍，队伍由三部分组成：一是比较严肃和正式的外交官队伍、对外交流和广播宣传人员队伍；二是具有一定亲和力和知名度的公众人物，比如体育明星、影视明星和知名学者，作为民间大使成立一支队伍；三是非政府组织、企业、社团等作为一支队伍。队伍的三部分相互协助，形成一个系统完整的组织机构，能够更加有效和认真地落实相关工作。俄罗斯在公共外交方面尚属新手，但自2002年俄罗斯科学文化国际交流（合作）中心归属外交部统筹管理以来，已经迅速建立了众多伙伴关系，给俄罗斯的公共外交带来了丰硕的成果。近年来，中国人民对外友好协会由于与俄罗斯科学文化国际交流（合作）中心的合作关系，目前也承担着部分对俄的公共外交工作，如果能够与更多的公共外交执行部门协作起来，会带来更明显的成效。

中俄两国有着历史悠久的传统外交经验，在日益强调软实力的今天，也在相应发展彼此间的公共外交。可以肯定的是，如果两国都接受和乐见对方的强大，相互支持对方的强大，确保两国关系不逆转，中俄这两个相邻的强国就能世代友好，两国的同时发展和强大就可以为两国的战略协作提供更广阔的空间，创造更有利的条件。

附　录

附录一　广东侨务公共外交的成就、优势与挑战[①]

一、导　言

分布在世界各地的海外侨胞有 6 000 万左右，这是我国的独特国情和重要资源。党中央国务院非常重视侨务工作，2011 年 5 月 25 日，国务院总理温家宝主持召开了国务院侨务工作常务会议。会议指出，当前和今后一个时期侨务工作的主要任务是，围绕国家工作大局，在更广领域、更高层面、更深层次发挥侨务工作的优势和作用。会议提出了今后一段时期内全国侨务工作的六个重点领域，其中，特别提出了围绕国家总体外交战略，拓展侨务公共外交；围绕提高国家文化软实力战略，加强海外华文教育，弘扬中华优秀文化；深入开展联谊、服务和引导工作，培育和发展海外对我友好力量。会议高度肯定侨务工作与新时期国家总体发展战略之间的密切关系。

侨务公共外交是指国家、各省市侨务部门通过传播、公关、媒体、网络等手段对海外华人社会进行双向交流，通过海外华人社会的活动，以澄清信息、传播知识、塑造价值，进而影响主流社会对中国的客观认识，以更好地服务于国家利益的实现。侨务公共外交的对象是居住在中国以外的华侨华人，主体是国家和各省侨务部门及外事机构，通过侨务部门利用媒体、网络等形式对海外华人社会进行公共外交，以达到侨务公共外交在海外华人社会土壤中播种并茁壮成长的目的，从而使公共外交有针对性，并充分发挥其主体性，进而达到提高中国形象的目的。也就是说，侨务公共外交就是要充分利用侨务资源开展公共外交活动，以直接服务于国家长期的发展战略，以及国家和地方的经济文化建设。

作为国家整体外交的支撑力量，以及地方外事活动的重要组成部分，侨务工作是国家形象工程建设的重要窗口，是连接中外人士的桥梁，是预防与化解国际危机的稳定力量。而分布在世界各地的华侨华人是中国政府在各国的"民间大使"。数千万居住在世界各地的华侨华人，活跃于住在国的政治、经济、文化、

[①]　本章在广东省人民政府侨务办公室 2011 年度调研项目成果基础上修订而成。该调研负责人为刘宏，参与成员包括喻常森副教授、张宇权副教授、曹善玉博士（均任职于中山大学亚太研究院）。

社会领域乃至国际舞台，同时和祖（籍）国有着密切的联系，其本身就是"一个集人力资源、资本资源、文化资源、政治资源、科技资源、信息及网络资源等资源类型于一体的资源系统"。[①] 这一综合性的资源系统正是我们开展公共外交的工作对象和重要力量。广东省是全国最大的侨乡，拥有 2 000 多万归侨侨眷和 3 000 多万海外乡亲，充分利用广东华侨华人资源和地域优势，扮演和拓展侨务公共外交角色尤为重要。

二、侨务部门：体制创新与资源开发

自改革开放以来，广东作为中国第一侨务大省，十分注重充分利用本省丰富的侨务资源这一点，服务于地方经济、社会和文化发展，将地方外事工作与侨务公共外交密切联系起来，取得了令人瞩目的成就。在中共中央、国务院的统一部署下，在广东省委省政府的直接领导下，以及在社会各界和各级部门的积极支持配合下，广东省侨务办公室主要承担了侨务公共外交的工作，并通过提升与海外华文媒体的合作与互动，有效地扩展了侨务外宣空间和渠道，其工作呈现出亮点多、层次高、覆盖广、影响大的特点。

第一，广东省侨务办公室初步建立了一整套适合侨务工作特点的公共外交及对外宣传体系。近年来，广东省侨务办公室与南方电视台等媒体部门合作，举办了"南方·华人慈善盛典"，表彰华侨华人慈善家，彰显华侨华人慈善精神。与《南方日报》策划制作"华侨与辛亥革命"专题报道。开展了"南粤文化海外行"和"南粤文化行"系列活动。与《羊城晚报》合作，通过海外华文媒体等在海外华社开展"羊城新八景"评选活动。同时，组织优秀侨务记者到柬埔寨、泰国等地采访。深化与海外重点华文媒体的合作，在《星岛日报》全球各版设立专栏《南粤采风行》和《南粤侨情》专版。成立了"广东侨务信息站"，定期向海外华文媒体发送广东新闻图文信息稿。拓展"侨乡广东"专版海外合作媒体，扩大"侨乡广东"专版覆盖面和影响力。据初步统计，2009 年广东省各级侨务部门共向海外 40 多个国家和地区的 150 多家华文媒体累计发送广东信息 5 万多条，还经常组织海外华文媒体记者来粤采访。2009 年，海外华文媒体刊登广东专版超过 120 个。各市县地方侨务外事部门也在以同样方式利用本地侨乡与海外资源，着力开展宣传及文化传播工作。例如，中山市外事侨务局与当地电视台合作，自筹经费，前往海外各地，精心制作了《海外中山人》电视系列片，

---

① 张学惠、江作栋：《华侨华人在中外关系中的作用载体研究》，《八桂侨史》1997 年第 2 期，第 18～22 页。

在中央电视台海外频道播出，收到了良好的宣传效果。

第二，定期组织华侨华人青少年夏（冬）令营活动，成果显著。从 1980 年至 2007 年，广东省各地共组织了 1.3 万名海外华裔青少年回广东寻根。近年来，更是加大力度组织海外华裔青少年、在粤留学华裔青年以及港澳学生开展"文化寻根"活动，举办了 100 多期各种形式的夏（冬）令营。以优秀中华文化、岭南文化为载体，"游教结合"的寻根之旅吸引了 30 多个国家 5 000 多名华裔青少年，使学生们感受到广东经济大省和文化大省的建设成就，加深了对中华文化和历史的了解，增强了对中华民族的认同感和自豪感。"寻根之旅"夏（冬）令营成为海外华裔青少年了解中国窗口的同时，也成为宣传本省形象的活"品牌"。2009 年，广东省侨务办公室会同地方侨务部门和有关院校共举办了 32 次"寻根中国·相约广东"海外华裔青少年夏（冬）令营，参营华裔学生有 1 100 多人。2010—2011 年，广东省侨务办公室组织了两届中外名校学生交流夏令营。2010 年，广东省侨务办公室利用亚运会宣传和"广东 2010 华侨华人旅游年"举办的契机，与广东省旅游局、广州市侨务办公室联合举办千名华裔青少年"相约广东·走近亚运"夏令营主题活动。2010 年 7 月 22 日，来自英国、美国、巴拿马、塞舌尔、马来西亚等近 30 个国家和地区的 1 000 多名华裔青少年从全省各市县 35 个夏令营地汇聚羊城。2011 年 7 月，举办中华才艺夏令营。广东省侨务办公室组织来自英国、德国、印度尼西亚、马来西亚四国的五个夏令营团队的 112 名海外华裔青少年参加夏令营活动，工作突出国务院侨务办公室以学为主、游学结合的办营要求，突出对中华才艺的学习和中国历史和发展的了解，激发海外华裔青少年学习中华传统文化和了解中国历史发展的兴趣，使他们从思想、文化上找寻自己的根源，从而增强他们的民族归属感和自豪感。组织海外华裔青少年参观华侨博物馆，让他们了解祖辈们的艰辛历史和奋斗历程，了解祖辈们对故土的眷恋。中华才艺夏令营在粤活动期间，以学习中华传统文化为主，开设汉语、武术、国画、书法、剪纸等才艺课程。

第三，组织各种针对海外华人特别是杰出青年人才的论坛和联谊活动。"十一五"期间，广东省侨务办公室先后主办了三期广东省海外侨团中青年领袖研习班，对 34 个国家共 102 名 45 岁左右的中青年侨领进行培训，提升了他们领导和推动社团发展的意识与能力。通过承办国务院侨务办公室第六期华侨华人社团中青年负责人研习班和第三、第六、第七、第九期华裔新生代企业家中国经济高级研修班和港澳侨界杰青研习班，培训了 22 个国家和地区共 171 名华裔新生代企业家，从而有力地提升了华裔新生代的领导能力，并增强了他们对中国广东省的了解和认识，为今后工作打下了良好基础。同时，利用毗邻港澳的优势，广东侨务部门十分注重加强与港澳地区侨务部门的联系，从 2005 年在香港举办第三届

世界广东同乡联谊大会以来，每届大会均举办"青年论坛"，以此推动社团青年工作。受国务院侨务办公室委托，组织了海外华侨华人专业协会会长联席会议和"世界广东侨青大会"，并主办或联合主办世界华侨华人论坛、世界客属恳亲大会、广东同乡联谊大会等联谊活动。中山、南海等地成立海外青年社团，通过举办"世界南海青年日"活动等形式，推动和支持华裔青年与家乡的联系。江门市每两年举办"世界江门青年大会"；东莞市坚持举办"海外华侨华人青年才俊聚东莞"活动，都取得了显著成效。另外，广东省侨务办公室协助省政协外事侨务委员会，推荐了来自29个国家和地区的67名省海交会顾问、理事、华裔新生代企业家成为中国经济高级研修班和华侨华人社团中青年负责人研习班学员，以及其他侨胞列席广东省政协会议或成为广东省政协特聘委员，畅通了海外侨胞参政议政的渠道，发展了一批重点人物。

第四，长期不懈地致力于组织和推动华文教育工作。推广华文教育一直是广东省、广州市侨务工作的重点。2009年，广东省侨务办公室会同广州、江门等地侨务部门和省直院校开展海外华文师资培训工作，承办了国务院侨务办公室海外华文幼师和华文小学教师研修班，共计培训海外华文教师352名。全年共选派133名教师赴5个国家的30间华校任教。[①] 2010年，广东省侨务办公室、广东省教育厅共同制定了《广东省华文教育三年计划（2011—2013）》。举办海外华文幼师培训班，并在海内外举办短期师资培训班。推进广东编写的幼儿教材（印度尼西亚版和普及版）在海外的推广使用工作。同时，精心组织外派华文志愿教师工作，并推动已结对子的海内外学校开展实质性交流互动活动，组织相关院校到海外调研并看望其外派教师和毕业生。

第五，结合广东省和国家经济发展需要，开展招商引资和招才引智，组团赴海外进行侨情调研和联谊活动。广东省委、广东省政府主要领导在国外出访期间，均与当地华侨华人进行会见和宣传。广东各级侨务部门积极"走出去"联络侨胞，并组织了"海外华商广东行"等活动，邀请海外华商来粤考察，宣传推介广东，促进合作交流。2004—2009年间，广东省侨务部门成功举办了三届粤东"侨博会"，共有3 000多名海外乡亲参加，签约合作协议近2 500亿元，把粤东"侨博会"打造成粤东地区加快经济社会发展的重要招商引资平台。2009年，省市侨务部门共组织429批团组访问了150个（次）国家（地区）。广州、深圳、珠海市侨务部门利用中国国际高新技术成果交易会和科技交流会等平台，促成了一批高科技项目和人才落户当地。确定150个重点联络的海外文教社团（机构）。通过赠送海外华社文化用品工作，积极推动基层社区侨务文化发展。

---

① 《广东年鉴》2010年，第495页。

第六，初步建立和完善了公共信息平台。目前，广东侨网是广东全省侨务工作的主要宣传和信息平台，广东省侨网设有中文和英文两个版本。依托广东侨网，办好侨刊乡讯网页，扩大侨刊影响。其办网宗旨是，按照把广东侨网办成广东侨乡侨务资讯平台、华侨华人社团侨情交流平台、侨刊乡讯资源整合平台、华侨华人与侨务部门互动联系平台的要求，继续丰富广东侨网的内容，增强广东侨网的互动性，提升网站的吸引力和影响力。据初步统计，2009 年广东侨网全年上载信息 1.3 万余条，全年有效点击量达到 6 000 万次，日点击量超过 16 万次。① 与此同时，重点加强对侨刊乡讯的监督管理和业务指导，进一步发挥侨刊乡讯在对外宣传工作中的独特作用。广东省侨务办公室还主持召开省侨刊乡讯指导委员会座谈会，交流侨刊乡讯工作情况，尤其是加强对在穗侨刊的指导。编辑出版《侨刊乡讯通讯》，加强对各侨刊乡讯社的信息沟通和业务交流。当前，各市均建立了外事侨务网站，力求做到信息公开透明。（参见附录二）

总之，改革开放以来，在广东省委省政府的领导下，广东省侨务办公室在相关外事、新闻、研究部门的通力合作与密切配合下，积极利用侨务大省的有利条件和资源，致力于打造侨务强省工作。广东在侨务管理体制和资源整合过程中积累了丰富的经验，取得了巨大的成绩。

三、华文媒体：侨务公共外交的重要平台与载体

1. 华文媒体的概况

海外华文传媒发展至今已有近 200 年的历史。近 200 年来，在海外共有 52 个国家和地区出现华文报刊，累计 4 000 多种。目前仍在出版的印刷媒体有 500 多种，其中每天出版的日报有 100 多家，以报纸形式定期出版的有 180 多家，各类刊物有 230 多种。目前海外华语广播电台有 70 多家，华语电视台有几十家，网络媒体则难以统计。② 虽然大部分华文媒体是由当地华人来创刊和负责的，但不断加入的新移民为当地华人源源不断地带来中国的信息，也为海外华文传媒注入了新的活力。随着华人人数的增加和经济实力的增长，海外华文传媒在西方国家也逐渐站稳了脚跟，其影响也越来越大。据报道，在美国发行量最多的华文报纸《世界日报》已成为美国发行量最大的报纸之一。在包括所有英文报纸在内的美国报纸中，它已排到第二十几名。

海外华文传媒具有双重属性。它既是中国传媒的延伸，又是所在国传媒体系

---

① 《广东年鉴》2010 年，第 494 页。
② 杨阳：《我国公众外交中的新闻媒介运用探讨》，暨南大学硕士学位论文，2006 年。

的一部分；它不仅存在于世界各国的华人聚居地，也存在于华人所在国的大众社会，同时对中国国内社会舆论形成一定影响。海外华文传媒的从业者在语言、文化上具有独特的优势，他们来自中国，又植根于当地社会，因而既了解中国又了解世界（各所在国）。因为他们了解世界，具备所在国历史、地理、政治、经济、民族、宗教等方面的知识，因而对世界的描述更接近客观真实；因为他们了解中国，对中国方方面面的情况有一个大致的把握，又了解所在国受众的心理特征及需求，因而他们对中国的推介和描述也更加符合实际，更容易取得良好的效果。例如，德国明斯特电视台中国部，华人媒体进行了"借助德国人的眼光来介绍中国"——纪录片《汉斯在武汉》，以一位普通德国人的视角介绍武汉，通过对生活在武汉八年的德国人的访谈和跟踪报道，让德国观众对武汉产生兴趣，引起了强烈的反响。明斯特电视台中国部推出的介绍中国的电视栏目还有《中国风情》、《人在德国》、《德国人在中国》等，而且采访过中国驻德大使馆官员们，中国官员们也借此机会向德国公众演讲，让德国更多的人了解中国，从而为建立良好的中国形象出力。

因此，中国在制定对外传播战略时，可以考虑将分布在全球各地的海外华文传媒纳入我们对外传播的总体战略中，针对它们提出具体的设想和方案。对华人及所在国受众有一个全面的了解，研究他们的心理特征和阅读习惯、视听习惯，探索针对他们进行新闻传播的规律。通过世界各地的华文媒体影响华人、影响世界，是塑造我国完整的国家形象、形成有利于我国的国际舆论的有效途径。

2. 广东媒体与侨务公共外交

国内的主流媒体也一直关注海外华人这一受众对象，全国 20 多个省市自治区的主流媒体在全球六大洲的海外华文报纸上均开设了版面，向他们介绍中国的情况。特别是新华社、中央电视台、《人民日报》和《中国日报》等国家级媒体纷纷通过"全媒体"转型等方式提升国际传播力与影响力。总部设在广州，居于华南地区主流政经媒体地位的南方报业传媒集团，通过 2010 年海地地震的跟踪报道成功迈步"走出去"，并继续以编制《今日广东》、《南粤侨情》等栏目，将广东的信息传播到粤籍华人社会。广东华侨众多，占全世界华侨总数的三分之二以上，侨胞人数近 3 000 万人，而南方报业以广东为基地，在"走出去"方面较有优势，而且也得到了广东籍华人的积极支持。如 2010 年初，"南方报业采访小组"得以进入海地采访，得益于强大的多方面关系资源的支持，包括《南方都市报》记者与美国领事馆的关系、《南方日报》时政中心与广东省侨务办公室的关系等，确保及时签证并获得多米尼加总统顾问吴玫瑰帮助，直接调用直升机直达海地，这一核心信息源成为最有力的支持因素。而且，《21 世纪经济报道》等媒体在纽约、巴黎、莫斯科、东京等国际大都市派驻记者，务求在重大报道中

获取第一手信息来源，提高南方报业在海内外的公信力和品牌影响力。

南方报业集团通过与海外华文报刊的合作，为海外华人社会提供广东政经大事的尝试解读、新鲜丰富的乡情资讯等内容，在广东与海外华侨华人之间搭起一座沟通的桥梁。如 2010 年的《南方日报》社增设的《今日广东》新闻版，在美国《侨报》、加拿大《现代日报》、法国《欧洲时报》、巴西《南美侨报》等华文报纸上刊发，覆盖北美洲、南美洲、欧洲和东南亚地区。另外，与《星岛日报》（海外版）合作编制的《南粤侨情》以粤籍华侨华人为受众对象，其报道的内容贴近他们的生活，满足外国受众对中国信息的需求，如《追寻广东 450 亿侨捐》、《民间侨刊夹缝生存》、《世上再无樟林港》、《广东"洋留守"汇聚"地球村"》等报道在海外侨胞社会中建立了亲切、真实、生动的广东形象。虽然南方报业已经成功迈步"走出去"，但是并没有在海外主流媒体中立足，还没有开拓出海外市场。而广东媒体在海外市场的立足，只依靠媒体本身是远远不够的，还需要得到政府的扶持。广东媒体首先要成为国际品牌，才有可能更好地成为公共外交的平台。

广东省从 2006 年开始举办"全球华文传媒羊城合作论坛"，有力地宣传推介了广东，促进了海内外华文媒体的交流与合作，但是除 2010 年南方报业传媒集团与星岛新闻集团合作推出《南粤侨情》外，还没有其他更多的合作。而像《人民日报》（海外版）和《新民晚报》（美国版）合作选择在海外直接办报；《福建侨报》、《泉州晚报》与菲律宾华文报纸；上海《新闻晨报》、苏州《城市商报》与澳大利亚华文报纸；武汉《长江日报》与美国《侨报》（美西版）；山东《济南时报》、《经济导报》与日本华文报纸等，都在进行着愉快的合作，并取得了良好的成效。合作双方互相借助各自媒体的力量，优势互补，以丰富其报道内容，提高其报道质量。但是这些海内外媒体的合作仅限于华文媒体方面，其影响力远不及主流媒体。另外，西方主流媒体也对中国很关注，但并不了解中国的媒体人和中国媒体，如 2010 年南方报业传媒集团竞购美国《新闻周刊》的失败，并非价格的问题，而是美国不了解中国媒体人，也不清楚南方报业竞购的理由。而南方报业看中的是《新闻周刊》的全球通信资源及其影响力。

3. 应促进国内外媒体的合作，充分发挥海外侨务资源，客观地报道国内实情，兼顾宣传中国形象的重任

目前海外华人约有 6 000 万人，占世界人口（除中国大陆、港澳台外）的9%，而粤籍华人占海外华人人口的三分之二。广东省侨务办公室通过举办一系列活动，大力宣传和推介广东，如举办以"纪念辛亥百年，感受幸福广东"为主题的大型媒体采风活动、"2011 海外华媒看广东"、"海外杰出华人广东行"、"全球华文传媒羊城合作论坛"等，并组织分赴广东各地分别进行寻根访问、侨

团联谊、文化经贸考察交流等活动，有效增强了海外乡亲对广东的了解和认识。广东媒体也应该充分调动海外粤籍华人的积极性，在所在国聘请当地华侨华人为海外通讯员，及时地将华人社会动态反馈到国内，也将国内特别是在广东发生的事件第一时间传递到当地华人社会。通过如实客观地反映广东的实情，向他们传递"加快转型升级，建设幸福广东"的理念，让他们理解广东，帮助广东在当地发出"广东的声音"。

对此，笔者有如下建议：

（1）由广东省侨务办公室为主导，由广东媒体承办，每年在海外举办"广东周"活动，特别是配合各地赴海外推介招商活动，开设专版专栏，报道广东商品，开拓海外市场。作为国际媒体竞争中的弱势媒体，广东媒体不仅要在质上取得"一鸣惊人"的效果，而且要在量上下功夫，也就是说，"两手都要抓"。

（2）充分利用中央主流媒体在海外的影响力，利用已有媒体平台在海外华人社会中大力宣传广东。

（3）进一步促进广东媒体与海外华文媒体的合作与交流。目前海外华文媒体面临着的生存竞争日趋激烈，华文报刊存在着规模小、种类繁多、供过于求、资金短缺、后备力量不足、相对所在国主流媒体的信息较滞后、与国内的联系并不多等问题。虽然较有影响力的华文媒体与中国的联系较密切，与中国主流媒体合作也比较多，如美国休斯敦的华文报刊《华夏时报》曾与中央电视台 CCTV4 海外华人栏目合作，报道休斯敦华人社区要闻。2007 年 8 月，休斯敦由 28 位 MBA 硕士生组成的访华团访问北京时，《华夏时报》为访华团访问中国新闻社建立了联系。但是很多华文媒体还并未涉足与国内媒体的合作与资源共享，而又没有能力在中国常设新闻采访站，对于掌握和传递国内新闻、时政等第一手资料方面不如西方主流媒体。加上海外华文媒体并没有多少专业的新闻记者和编辑，使得华文媒体办报的质量一般，竞争力也无法增强。而他们的这些不足，可以通过我们的侨务部门或通过与国内媒体的合作来互补。广东省内有丰富的侨刊乡讯，多达 134 种（参见附录二），侨务部门可通过这类侨刊乡讯向海外华文媒体提供信息，通过国内报刊与海外华文报刊之间的版面合作，将广东的信息第一时间传递给海外华文媒体，进而传递给其所在国主流媒体和所在国民众。

四、美国华侨华人与广东侨务公共外交

随着广东省经济的快速发展，广东与美国的经济联系越来越密切，加强广东省对美国的公共外交已经提上日程。广东省对美公共外交主要有三个目标：一是宣传广东，使美国民众对广东有更客观的理解，改善广东在他们心中的形象；二

是加强广东省与美国的经济交流与合作，促进广东对美招商引资、技术交流和人才引进；三是加强与美国各级政府和企业团体的联系，促进广东与美国在政治、文化、教育等各方面的全面交流与合作。而要实现这三个目标，就必须依靠广东在美国人数众多的华侨华人。广东是著名的侨乡，有 3 000 万的海外侨胞，其中在美国就有 280 万左右的华侨华人，他们是广东省展开对美公共外交的重要资源。

（一）广东省在美国开展侨务公共外交的优势

（1）人数众多。美国自 20 世纪 60 年代以来，每十年会开展一次人口普查。数据显示，2010 年，在美华侨华人总数约为 400 万[①]，约占全美人口的 1.1%[②]，其中，广东籍侨民大约为 280 万。由于历史文化和政治制度的不同，美国对中国的误解很深，中国也对美国了解不够。因而，在中美交流的过程中，华侨华人可以起到沟通两国理解的桥梁作用。由于广东籍华侨华人在美人数众多，这是广东省开展对美公共外交的重要基石。

（2）经济影响力不断增强。华侨华人在美国主要是立足于中餐业和制衣业，但是近年来在商业、房地产、金融等领域发展迅速，虽然相对于犹太人控制的金融领域、白种人统治的军工业和高端生物制药等企业，华侨华人的实力还不够强大，但是北美华侨华人在经济上发展的速度令人吃惊，特别是由于广东籍的华侨华人较早到达美国，在美国经营多年，一些华侨华人企业已经成长起来，具有一定的实力。另外，华侨华人的整体素质也在不断提高。现在，在美国约有 45 万名华侨华人专业人士，例如美国 40 万集成电路设计人才当中有 4 万是华人。2002 年，在美国华裔科学家或工程师的人数已超过 15 万人。在 2001 年评出的硅谷公司前 150 强中，超过 10 家是华人企业。据统计，目前在硅谷等地区供职的中国科技人才已超过 10 万人。硅谷企业有 7 000 多家，而华人企业就有 500 多家，但以中小型企业为主。[③]

（3）近年来，在美华侨华人的经济及社会地位有了明显的提高，其直接影响就是美国政客开始重视华人选票，常拜访华人社团，并希望华人社团给予候选人赞助竞选资金，这是以前没有的现象。此外，华侨华人的代表出来竞选议员或

[①] 时任国务院侨务办公室副主任许又声在接受《侨胞》记者专访时如是说，http://special. usqiaobao. com/xinhai100/2011－09/16/content_ 1032295. htm。

[②] 数据来源：美国人口调查局数据库，截至 2011 年 9 月，美国总人口为 312 244 764 人，http://www. census. gov/main/www/popclock. html。

[③] 王晓莺：《海外华人华侨专业人才现状分析》，《广州大学学报》（社会科学版）2005 年第 4 期，第 34 页。但是据旧金山中国总领事馆毛清文副总领事的数据，当前硅谷有 8 000 多家高科技企业，其中，华侨华人的高科技企业有 2 000 家左右。

者是地方行政官员的现象也不断出现，华侨华人有了自己的代言人。例如，调研组在旧金山调研时，就发现当地华人参政议政的意识较强，竞选公职的热情较高，很多华人社团力挺代市长李孟贤出来竞选旧金山市新一任市长。

（4）华人社团较多，具有较好的开展公共外交的渠道和资源。例如，在大华盛顿地区（大华盛顿地区包括北弗吉尼亚州和马里兰州，在这个地区居住了15万华侨华人），有100多个由来自中国大陆的华侨华人组成的大小社团，其中包括30多个同乡会、50多个大专院校校友会和20多个华人专业社团，包括华人专业社团联合会、旅美科技协会、华人生物医药科技协会等，以及希望中文学校、美中实验学校、和平统一促进会等其他组织。这些社团分为传统老社团和新社团，传统老社团较多是广东籍华侨华人组建的社团，就是新社团，也有不少是广东籍华侨华人加入其中。无论是传统老社团的广东老侨民还是新社团的专业人士，很多人都愿意为广东的更进一步发展贡献一分力量。

（二）面临的问题

（1）工作对象有待进一步明确。目前在美国的广东侨民约有280万，如此庞大的群体，选择重点公关对象是一件比较困难的事情。在开展公共外交时，广东省应该坚持"精英效果理论"，因为精英观念的改变往往能在社会引起巨大的"跟随效应"。因此，要想开展对美华侨华人公共外交做到节约成本和提高效率，就必须对在美华侨华人精英进行重点公关，公共外交活动有所侧重。但是，广东省相关部门以往只注重传统社团的侨领，没有注重发挥新移民的力量，近年来开始注重新移民社团领袖的力量，但是这方面的工作还有待加强，还没有建立在美广东籍华侨华人精英的信息资料库，这使得广东省在开展对美华侨华人公共外交活动时的对象不明确。

（2）治安问题严重，广东省形象不佳。在华侨华人心目中，广东的治安问题非常严重，已经严重影响到广东的形象，这与广东省本身存在的治安问题有关，但也与广东新闻媒体的大肆宣传有关。对于各省在海外媒体的负面报道方面，调研组据《侨报》（美国版）的报道数据统计，在2011年1月1日到2011年8月1日期间，在该媒体网站上搜索关键字"广东 治安"即搜出《增城新塘聚众事件》①、《东莞为被妖魔化为"性都"平反》②、《广东陆丰市频发枪案 花季少女反抗抢匪调戏遭枪杀》③、《老人守空宅或给嫌犯留下可乘之机》④、《白天

---

① http：//news. usqiaobao. com/2011 - 07/08/content_ 899489. htm.

② http：//www. usqiaobao. com/2011 - 05/19/content_ 844552. htm.

③ http：//www. usqiaobao. com/2011 - 05/01/content_ 827863. htm.

④ http：//chinese. usqiaobao. com/2011 - 05/11/content_ 836314. htm.

没关门，少女被入室强暴》① 等关于治安或者带严重负面字眼方面的新闻；然而，在同一个网站搜索"北京 治安"、"上海 治安"、"江苏 治安"等字眼，除了江苏方面有报道过一起由于包工头潜逃使得工人被拖欠工资从而聚众闹事的新闻外，北京、上海、江苏的负面新闻都集中在一些行政类的新闻，而非暴力的治安类新闻，与广东的治安负面报道数量有着明显的差别。在海外华人影响力同样大的《星岛日报》新闻网站内进行 2011 年 1 月到 8 月内的新闻搜索，键入"广东，治安"字样，搜索出来的新闻中，涉及广东境内的暴力、死亡字样相关新闻有 3 条②；键入"北京 治安"字样后，涉及北京境内的暴力或死亡事件的新闻有 2 条③；键入"上海 治安"字样，涉及上海境内的暴力或死亡事件的新闻只有 1 条④；在键入"江苏 治安"后，涉及江苏境内的暴力或死亡问题的新闻也只有 1 条⑤。以上数据并不完全说明某省或某市的治安情况，但是可以看到，频繁出现在海外华人媒体中的广东省治安的负面新闻，已经严重破坏了广东省的平安形象，在广大海外华侨华人特别是海外华侨华人精英中造成了恶劣的影响，已经严重影响到广东省在吸引海外人才方面的竞争力。在此次北美实地调研过程中，也有不少受访者提到广东治安不好的问题。

（三）对美开展侨务公共外交的政策建议

（1）加强开展对美华侨华人社团工作。无论是老社团还是新的专业团体，都需要在政策上有意识地引导、鼓励和支持其代表性人物出来参与美国政界选举。在开展公共外交时，有学者就提出要坚持"精英效果理论"，他们指出："外交决策过程中的舆论主体主要分为四类：普通公众、关注问题的公众、舆论精英和政策精英。舆论精英和政策精英虽然人数少，但对专业问题的分析较一般民众更为理性、深刻，容易引起政府决策层的重视。因此，精英舆论对大众舆论

---

① http：//society. stnn. cc/anjian/201108/t20110801_ 1619412. html.

② 《抢劫杀人与 2 亿中国农民工的悲剧人生》，http：//society. stnn. cc/anjian/201107/t20110708_ 1607998_ 1. html；《白天没关门，少女被入室强暴》，http：//society. stnn. cc/anjian/201108/t20110801_ 1619412. html； 《广东警方悬赏 2 000 元缉拿十大亡命抢匪》，http：//society. stnn. cc/anjian/201104/ t20110402_ 1534726. htm。

③ 《北京号贩团伙为抢地盘火拼 手持铁管斗殴》，http：//society. stnn. cc/anjian/201103/t2011030 7_ 1523251. html；《熊猫烟花致人死亡，其北京销售负责人被拘留》，http：//society. stnn. cc/anjian/ 201102/t20110210_ 1509855. html。

④ 《上海一医院医患冲突 10 人被刺 6 人伤重》，http：//society. stnn. cc/tufa/201102/t20110201_ 1506499. html。

⑤ 《江苏盱眙农村合作银行59 万现金遭蒙面抢劫》，http：//society. stnn. cc/anjian/201101/t2011011 1_ 1491878. html。

具有较强的引导性和疏导力。"① 从这个层面讲，广东省对在美华侨华人的公共外交要以精英受众为主，同时兼顾一般受众，因为改变精英的观念往往能在普通民众中产生巨大的"跟随效应"。因此，我们必须建立和健全在美华侨华人精英的资料，建立一个精英人才数据库，以便在开展公共外交时有所侧重。

（2）广东公共外交要"走出去"，在美国华侨华人聚居地区设立协调性组织。可考虑在广东省侨务办公室的架构下，在美国华人的聚居地区，如加利福尼亚州、佛罗里达州、乔治亚州、马萨诸塞州、纽约、得克萨斯州、华盛顿特区、密歇根州等地区设立一个协调性组织，负责联系各地区的专业社团和人士，并协调各地区和广东之间的科技、文化、经济等方面的合作与交流。这个组织，在未有更适合的名称前，暂时可称它为"广东省海外科技文化合作交流协会"，以非官方的形式存在。

（3）拓展对美华侨华人公共外交手段，建立立体传播网。在资金和体制的制约下，广东省开展对美华侨华人的公共外交活动会遇到各种障碍。要提高对美华侨华人的宣传效果，一个可行的办法是拓展信息传播渠道。从目前实际情况来看，借用外语媒体宣传区域形象是一条可行之路，特别是美国的当地媒体，通过这些媒体，可以使广东省的形象得到更好的宣传。广东省政府可以通过设立专栏栏目、投放地方形象片等方式，提高自身的魅力和知名度。同时，要注意运用互联网这一新型媒体，各政府网站和生活服务信息的网站应设立外语版，这将有利于第一时间把自己的信息投放出去。

五、小结：进一步完善广东侨务公共外交体制与资源配置的建议

随着国际和国内形势的不断变化，特别是中国在经历了新中国成立 60 多年、改革开放 30 多年的发展以后，国情和侨情都发生了重大变化，侨务工作的任务和重心随之出现位移的必要性。例如，改革开放之初，侨务工作的重点是"以侨为桥"、"招商引资"，借助侨力推动我国特别是广东的经济发展。进入 21 世纪以后，促进经济建设可持续发展，全面实现中国从地区大国向世界强国的转变成为国家优先战略。在这种形势下，侨务工作的重心和特点正在悄然改变。从过去"招商引资"到目前的"招才引智"，利用海外华侨华人的智慧和力量促进我国特别是广东的产业转型升级。随着中国综合国力的大幅度提升，"国力护侨"、"国力为侨"成为明确的工作目标。同时，正如前面所提及的，新时期侨务工作的最大特点和任务应该是努力通过海外华侨华人为桥梁和载体，开展民间外交和

---

① 唐小松：《中国公共外交的发展及其体系构建》，《现代国际关系》2006 年第 2 期，第 46 页。

公共外交活动，折射出一个更加负责任的、正面的、朝气蓬勃的中国形象。

如前所述，广东省侨务公共外交工作取得了很大的成绩，建立了从省到市县机关的一套完整的管理和协调体系，摸索出一套具有广东特色，集管理、服务、宣传、联谊、培训为一体的先进经验和做法。但是，我们也必须看到，作为侨务大省和全国改革开放的前沿，广东省侨务公共外交工作仍然存在进一步发展与完善的空间及领域。新时期国外侨情也出现了不少变化，必须尽快掌握新动向。特别是随着大量华侨华人新生代的出现，他们的心理特征、社会需求和政治态度与老一代海外华侨华人发生了明显的变化；海外华人专业人士逐渐增多；华人社团发生了结构性变化；双重国籍问题面临严峻挑战等。

为了适应新时期侨务工作重心的位移和特点的改变，结合海外侨情的变化，广东侨务工作应该勇于探索，敢为人先。而开展和大力推进侨务公共外交是应对上述挑战的可行路径。为此，笔者提出以下对策和建议，其中，主要涉及侨务公共外交工作重心、资源整合、人才培养等几个方面的对策建议。

第一，进一步协调涉侨机构在广东侨务公共外交中的分工与合作。目前我国中央和地方的"五侨"系统（根据中央政府的统一部署，省级拥有五个部门组成的侨务工作机制，简称"五侨"系统。广东省的五侨系统目前包括广东省人大常委会华侨民族宗教委员会、广东省人民政府侨务办公室、广东省政协外事侨务委员会、致公党广东省委员会及广东侨联）对侨务政策的制定和实施有积极的意义。在侨务公共外交工作方面，分散在省侨办、侨联、宣传部（新闻办、外宣办）、外事办、外经贸等部门，每次展开活动牵扯的人员很多，有可能带来沟通成本增高、资源分散等问题。因此，如何加强这些部门之间的分工与合作，是需要进一步考虑的事情。

同时，通过鼓励海外华文媒体积极主动加强与当地主流传媒的联系，参加当地的行业组织，建立和扩大与所在国主流传媒间的沟通、交流，加入主流媒体议题讨论，使主流社会重视华人意见，必要时也可以提供资金上的支持。在国内媒体还没有打进西方主流媒体之前，我们可以通过海外华文媒体与当地主流媒体的合作关系，借助这些主流媒体的力量，迅速传递我们需要发布的重要信息。

第二，对广东籍华侨华人的公共外交资源，作深入而具体的了解和调研。海外华人人数众多，他们的作用之一是充当中华民族文化的展示渠道，但是如何充分发挥他们的作用呢？首先，必须对现有资源进行摸底、调研工作，在组织联谊、宣传教育、招才引智等方面工作基础上，加大对外宣传的力度，调整相关思路。包括加强与那些可能发挥重要作用的海外传媒人士、学术界和企业界、文化界人士同广东的联系。其次，除了与广东籍海外华人的联系外，还应该将范围扩大至在广东学习、工作和生活过的非广东籍华人，这样，我们就能够有一个庞大的公共外交资源。在掌握了这些资源之后，广东省侨务办公室可以通过不同的渠道（如文化、学术活动、国际论坛、广交会等）与他们保持密切的联系，使他们了解广东的最新发展和政策动态，并通过他们向海外传播广东的新形象。

第三，推动有广东特色的侨务公共外交的调查与研究。通过举办广东公共外交论坛、研讨会等，将研究机构与行政部门的资源整合，做到从实践到理论，再从理论到实践，向省委政府的决策提供政策性建议。同时，加强侨务公共外交专门人才的培养。鉴于公共外交目前还是一个比较新的概念，发展前景又十分广阔，加上党中央、国务院高度重视，所以，必须对全广东省侨务外事部门开展一次公共外交知识的专门培训或轮训。培训工作可以由广东侨务公共外交协会组织策划，联谊聘请中央外交侨务宣传部门及广东省"五侨"系统领导人、高校和研究机构学者、海外侨团领袖等为教员，努力做到理论与实际相结合。并积极推动和重视参与各种国际组织，在各种有影响力的国际组织当中发出广东的声音。重视提升和宣传广州的城市形象、重点宣传广州人的热情、广州商业的繁荣、广州服务业的发达，逐渐消除外界对广州治安差、城市环境脏、人文素质低等负面印象。

第四，强力推出侨务网络公共外交，让国内外民众参与到侨务公共外交中来。中国互联网络信息中心于 2011 年 7 月 19 日发布的第 28 次全国互联网络发展状况统计报告显示：截至 2013 年 12 月，我国网民规模达 6.18 亿，互联网普及率为 45.8%，中国早已成为世界第一网民大国。有关业内专家指出，近 5 亿网民，意味着超过三分之一的国人都已经和互联网有过亲密接触，"人人都是通讯社、个个都有麦克风"的时代悄然到来。网络新闻、评论跟帖、论坛、博客、邮件、微博等网络新媒体的迅速发展，使舆论信息随时随地互动传播，规模庞大的中国网民早已不再满足于从网上获取资讯，他们已经成为信息的创造者和传播者。伴随着互联网、电子邮件、即时通信软件、在线论坛、个人博客和微博等的迅速发展，每个单独的个体都从众多的工具中寻找到最简单和最方便的工具去获取与中国外交政策相关的信息和知识。

广东侨务工作应继续依托以中国新闻网、广东侨网为主要载体，加强全省媒体的侨务报道协调工作。广东省侨务办公室可以会同广东媒体设立专门的侨务网络媒体平台，向国内外网民开放，向他们全面展现广东侨乡发展面貌，搭建海外华侨华人与侨乡之间的信息共享平台，向他们提供公开交流的机会，并对此进行正确的引导，有利于加强华人与侨乡之间的感情，进而向外国民众树立"幸福广东"的形象，也有利于消除他国公众可能存在的误解；同时，通过展示我们的文化和价值观，积极影响他国公众对于我们的正面认知，提升国家的整体形象和国际影响力，以维护和促进我国利益。

　　第五，我们还要注意避免侨务公共外交中的误区。一方面，外籍华人已经是外国人，不可能代表中国的形象，但是他们始终代表着中华文化，我们要充分发挥这一文化传承性。此外，部分新华侨和归侨则可能作为公共外交的主体成员之一。他们生在中国，长在中国，虽然在海外受教育和工作，但仍然保留中国国籍，也关心中国的成长与进步。他们了解中国和所在国的政治与社会情况，能够熟练地游离于中外文化之间，并深知国外公共舆论的运作规则，如果他们能有意识地将学术研究的成果转化到媒体等平台，从而影响公共舆论、智库以及国际上有关中国的论说，这对广东的公共外交的成功实施将有重要的意义。

　　同时，我们也要注意华裔政治家的公共外交的作用。华裔政治家已经是他国公民，他们首先考虑的是他们的政治效忠与主张，而且外国政府也正在利用华裔政治家推动他们本国的形象，如通过华裔政治家到祖籍地探亲等形式，传播他们自己的思想与观念。怎样正确认识和对待华裔政治家为我国侨务公共外交服务的问题，还有待进一步思考与探讨。

附录二 广东省各地侨刊乡讯一览表

创办地区	侨刊乡讯名称
广州市	省直：华侨与华人#、侨星*、华夏*、华南通、炎黄世界、客家风情*、广东潮讯、神州民俗、广州华苑 市直：广州华声#、荣誉、广州侨商报*、客联杂志 区：番禺侨讯#、荔乡情*、穗郊侨讯#、花都乡音#
深圳市	市直：深圳侨报#
珠海市	市直：珠海乡音# 县（区）：香洲侨讯*、斗门乡音# 镇：唐家湾侨刊#
汕头市	市直：潮人#
佛山市	市直：佛山侨报# 区：顺德乡音*、南海乡音*、高明乡讯* 镇：九江侨刊*
韶关市	市直：粤北乡情#
河源市	市直：河源乡情报#
梅州市	市直：梅州侨乡月报*、客家人 县：梅县侨声*、大埔乡讯* 校：东中校刊*
惠州市	市直：惠州乡音# 县：惠东乡情#
汕尾市	市直：汕尾乡情#
东莞市	市直：看东莞
中山市	市直：中山侨刊#、中山侨联* 区：东镇侨刊*、良都侨刊* 镇、街：隆都沙溪侨刊*、三乡侨刊*、南朗乡音#、东区侨刊* 村：下泽侨刊

（续上表）

创办地区		侨刊乡讯名称
江门市	市直、区	市直：五邑乡情#、江门画报、炎黄天地# 区：棠下侨刊*、杜阮乡情*
	台山市	市直：新宁杂志#、紫阳月刊*、台中校友*、芗村族刊*、浮山月报*、溯源侨刊*、居正月报*、胥山月刊*、台山光裕月刊*、三省专刊*、风采月刊*、敦睦侨刊*、敬修月报*、密冲通信*、岭风*、水南侨刊*、江联乡音*、提领月报*、玉怀双月报*、金紫之声* 镇：白沙侨刊*、宴都侨情*、大江侨刊*、广海通讯*、康和月刊#、台山光大季刊*、水步侨刊*、海宴侨刊*、汝南之花*、赤溪侨刊*、冲娄侨刊*、都斛侨刊*
	开平市	市直：开平明报* 镇：楼冈月刊*、新民月报*、北炎通讯*、舜河侨刊*、教伦月报、长塘月刊*、百合侨刊*、苍城侨刊*、茅岗月报* 村：波罗侨刊*、小海月报、护龙月刊*、橙溪侨刊*、裹讴月刊、谭溪月报、沙冈月刊、古宅月刊、龙塘侨刊、五堡月刊 校：开侨校友*
	新会市	市直：新会画报#、新会侨刊* 镇：古井侨刊*、梅阁侨刊*、三江侨刊*、文楼乡音*、霞路侨讯*、沙堆侨刊*、三村乡音*、独联侨刊*、葵城乡音* 校：冈中校友通讯*
	恩平市	市直：恩平公报* 镇：均安侨刊*、江洲侨刊*、歇马侨刊*
	鹤山市	市直：鹤山乡讯* 镇：古劳乡音*、址山乡情*
阳江市		市直：阳江侨报#
湛江市		市直：湛江乡情#
茂名市		市直：茂名侨报*
肇庆市		市直：肇庆侨刊*
清远市		市直：清远乡音报#、北江情#
潮州市		市直：潮州乡音*
揭阳市		市直：侨声# 县（区）：乡音*、乡情*

注：后带"＊"上标的为侨联系统主办或创办，后带"#"上标的为侨办系统主办或创办，由其他部门主办或创办的不标特殊符号。

附录三　孔子学院与中华文化的国际传播：成就与挑战^①

本文的主题是"孔子学院与中华文化的国际传播"。之所以选择这个题目，有两个原因：第一，作为中国公共外交的重要机制之一和一个新兴的教育与文化交流机构，孔子学院过去八年来在国内外引起了极大的关注。它在中华文化的国际传播中发挥了什么作用，与海外华人的教育有何关联，这些都是值得研究的学术和政策论题。第二，笔者有幸直接参与了孔子学院的建设和发展工作，并在2006年至2010年间在英国曼彻斯特大学担任孔子学院创院院长，多次参与了国家汉办有关孔子学院发展的内部研讨会以及全球孔子学院院长大会，因此，对孔子学院的运作和发展有第一手的资料，想借此小文向读者和专家汇报一些不成熟的看法。

大家知道，2012年5月，美国国务院对在美的孔子学院采取了某些限制政策，要求部分教师离境。针对部分西方国家对中国在世界推动孔子学院的速度和广度的疑虑和担心，国内外媒体作了大量的报道，对孔子学院也有不少的争议。

笔者认为，孔子学院对中华文化在海外的发展和传播起到了积极的作用，但作为一个新生事物，它还有进一步完善和改进的空间。这也包括如何处理好孔子学院与华侨华人教育的问题。

首先，孔子学院的迅速发展，使世界民众开始更为普遍地感受到中华语言和文化的魅力。截至2012年7月底，全球共建立了387所孔子学院、509所中小学孔子课堂。到2015年，孔子学院预计将达500所。孔子学院将中国文化和社会发展介绍到海外，使更多的外国人对中国有更全面和客观的了解。据报道，目前世界上有5 000万人在学习中文。"中文热"的原因很多，是中国在国际经济和政治地位日益提升的产物，但也是包括孔子学院在内的中文教育和文化机构的共同努力的结果。

作为一种中外合作的文化机构，孔子学院与英国文化协会和歌德学院等完全由单一国家和政府赞助和支持的机构有所不同，它提供了一种可供参考和借鉴的新模式。过去，中华文化和语言的海外发展主要是通过个人和一些学术机构的自

---

① 本文为刘宏在2012年8月"察哈尔公共外交论坛张家口2012"演讲的修改稿。

发性的努力，而孔子学院在世界范围内建立了一种连锁品牌的效应，并通过中国政府的大规模投入和支持，使中华文化的海外传播从自发走向自主，这也代表了中国从过去作为被塑造的对象和客体演变成为自身形象塑造的主体。

但是，不可否认，孔子学院在发展过程中也存在一些问题，其未来发展也面临着挑战。笔者认为以下几个方面的问题值得提出来进行讨论：

第一，在数量迅速发展的同时，如何保证孔子学院的合作院校、师资与教材等硬件和软件的质量，这是个值得关注的问题。目前，与中方合作的院校参差不齐，既有世界一流名校如斯坦福大学和伦敦大学，也不乏三流大学，这对孔子学院的总体品牌和形象有不利的影响。我们应该在源头上把控孔子学院外方合作院校的质量，制定和遵循一套严格的"准入"标准，并对不合标准的孔子学院实施"请出"机制，这样才能有利于长远和可持续发展。此外，我们的师资和教材应随着空间和时代的变化而不断更新和发展，使孔子学院和孔子课堂的学生质量日益提高。

第二，关于为孔子学院定位的问题。孔子学院的宗旨是推广中华语言和文化，作为在国家汉办指导下、以中外大学为依托的机构，孔子学院的定位应该远远高于在海外的私人语言教育学校。但是，目前有不少孔子学院的日常工作重心似乎还停留在为社会大众提供中文教学（包括夜校或周末课程上）以及一些与中国相关的节庆活动上。笔者认为，孔子学院除了开展这些必需的活动之外，还应从高层次来推动中华语言文化——而这些通常是私人学校无法展开的。例如，对中小学中文师资的培训、为当地政治和商业界领导人介绍有关当代中国的基本知识等。这些活动能够提高孔子学院的知名度，同时也有助于中国国际形象的提高。

第三，随着孔子学院的进一步发展，我们可考虑逐渐减淡孔子学院的官方和政府色彩，更多地强调孔子学院是作为中外双方合办的性质及其民间性、教育性和学术性，这样使孔子学院能够深入外国的民间社会，并得到更广泛的认可。这也需要进一步完善和强化孔子学院的组织和管理，包括人事和财务制度。此外，我们也要更有效地发挥中方孔子学院院长和外派教师的积极性和主动性，包括为他们参与孔子学院的决策提供必需的渠道和保证。

第四，我们要注意强调从使用者（当地人士）的角度来介绍和普及中华文化，并通过这一过程来凸显中华文化与世界文化的共通性和普世价值，从而培养具有世界意识的全球公民（Global Citizen）。在英国期间，笔者曾多次接受BBC和《独立报》等媒体的访问，并经常参与当地政府和学校主办的文化和教育活动。因此，笔者认为，比起通常的"推广中国文化"的立场，强调中英文化的双向交流以及孔子学院在其中的作用能够取得更好的效果，因为前者是单向进程，而后者是因应当地需求而产生的双赢局面。这也需要我们的教师和教材能够将中华文化和当地文化有机地结合在一起，而非仅仅以灌输的方式来传播中华文化。

中华文化是具有强大生命力的文化，并随着时代发展而不断更新和变化。因此，中华文化不仅要走出去，还要请进来。例如，曼彻斯特大学孔子学院在 2007 年至 2010 年设立了"体验动感中国"的计划，并获得了英国政府两百多万英镑的资助，每年选派 600 多名英国大学生到中国。据笔者所作的调查，超过 90% 的学生表示，他们在中国的浸濡活动极大地改善了他们对中国和中华文化的印象。

第五，孔子学院应加强高端的学术研究，通过赞助学术和媒体有关的科研项目来改善外国的公共舆论和学术界对中国和中国文化的认识。目前，我们的努力主要还是停留在较低的层面（以语言和文化的普及性教育为主），而主要的受众还是学生（包括留学生），例如提供奖学金等。这些活动虽然必要，但对中国国际形象的塑造还不能起到高屋建瓴的作用。笔者认为，我们应建立高层次的、面向全球的学术和科研基金会，邀请世界各地的学者和大众媒体的从业人员，从学术和大众传媒的角度对中国问题作多层次的、客观的研究和报道。

第六，有关孔子学院与海外华文教育的关系问题。近年来，随着孔子学院突飞猛进的建设，海外华文教育的发展速度显得有点滞后。这一方面是因为孔子学院所获得的资源远远多于海外华文教育，而且孔子学院有外国大学的依托，有较高的起点；另一方面，孔子学院的教育和文化活动与海外华文教育有一定的重叠性，孔子学院的学生有一些是第二代或第三代华人子弟，这也影响了海外华文教育的发展。笔者认为，在资源、师资、教材、政府注意程度等方面，华文教育还面对着不少困难。要解决这些问题，笔者的建议有以下三点：

（1）确定孔子学院和华文教育的分工与合作以及双方的明确定位。孔子学院是针对海外非华裔的受众，而华文教育是以华裔子弟为对象的，前者注重对当代中国社会和文化的介绍，后者注重培养华裔子弟对祖（籍）国（地）的认识和了解，寻根和加强华人的文化认同是其重要功能之一。因此，它的活动与许多少数族裔的教育一样，没有什么政治上的敏感性，相对而言，不会引起当地政府和民众的疑虑（除了东南亚地区部分国家之外）。所以，我们应该进一步地推动海外华文教育的发展。

（2）为此，中国政府应投入更多的资源在海外华文教育的发展上，除了经费之外，还可推出政策方面的扶持，例如在国内高校招聘志愿者到海外任教、其在外的经验和工龄获得政府认可等。

（3）加强对海外华文教育的特殊性和普遍性的研究。目前，国家汉办在国内高校设立了许多基地，资源雄厚，对外汉语教学研究和推广取得成效。而海外

华文教育的研究主要集中在暨南大学和华侨大学这两所大学，力量相对薄弱。我们可考虑与汉办的基地配合（如暨南大学与中山大学、华侨大学与厦门大学），对海外华文教育（针对华裔）的共性和个性作深入的研究，并将之运用于具体的实践和教学中。这种合作需要汉办和国务院侨务办公室进行共同协调和领导。

　　总之，中华文化的海外传播是中国公共外交的重要组成部分，需要有宏观的战略和国家级的跨部门机构来加以应对。这也需要更多的个人和机构（包括非政府组织）的共同参与，一道推动中华文化在海外的有效和全面传播。

参考文献

1. ［美］孔秉德、尹晓煌主编，余宁平等译：《美籍华人与中美关系》，北京：新华出版社 2004 年版。

2. ［美］约翰·米尔斯海默著，王义桅、唐小松译：《大国政治的悲剧》（序言），上海：上海人民出版社 2003 年版。

3. ［美］约瑟夫·奈著，门洪华译：《硬权力与软实力》，北京：北京大学出版社 2005 年版。

4. ［德］汉斯·摩根索著，徐昕等译：《国家间政治：权力斗争与和平》，北京：北京大学出版社 2006 年版。

5. ［挪］亚历山大·温特著，秦亚青译：《国际政治的社会理论》，上海：上海人民出版社 2000 年版。

6. 陈传仁：《海外华人的力量：移民的历史和现状》，北京：世界知识出版社 2007 年版。

7. 陈功榕：《新媒体时代公共话语权探析》，《东南传播》2012 年第 10 期。

8. 陈焜旺：《日本华侨留学生运动史》，东京：日本侨报社 2007 年版。

9. 潮龙起：《侨务公共外交：内涵界定与特点辨析》，《东南亚研究》2013 年第 3 期。

10. 迟策驹：《中国公共外交研究》，山东大学硕士学位论文，2012 年。

11. 董菁岭、孙瑞蓬：《新媒体外交：一场新的外交革命?》，《国际观察》2012 年第 5 期。

12. 鬼谷子：《聚四海精英，会八方朋友——小记新近成立的昆士兰中国人协会》，《昆士兰中国人协会通讯》1997 年第 1 期。

13. 鬼谷子：《苗苗中文学校：一所由学生家长们创办的周末中文学校》，《昆士兰中国人协会通讯》1997 年第 3 期。

14. 韩方明主编：《公共外交概论》，北京：北京大学出版社 2011 年版。

15. 胡泳：《新媒体时代的公共外交》，《现代传播》2011 年第 9 期。

16. 黄忠、唐小松：《中国"危机公关外交"：形势、问题与对策》，《现代国际关系》2014 年第 3 期。

17. 金凯平：《澳洲梦：一个留学生的现代淘金故事》，上海：上海文艺出版

社 2006 年版。

18. 李鹏：《在总理办公会议上听取侨务工作汇报时的指示》（1989 年 4 月 21 日），载国务院侨务办公室编：《党和国家领导人论侨务工作》，侨务工作研究编辑部 1992 年版。

19. 刘宏：《当代华人新移民的跨国实践与人才交流——英国与新加坡的比较研究》，《中山大学学报》（社会科学版）2009 年第 6 期。

20. 刘宏：《新加坡的中国新移民形象：当地的视野与政策的考量》，《南洋问题研究》2012 年第 2 期。

21. 刘宏：《战后新加坡华人社会的嬗变：本土情怀·区域网络·全球视野》，厦门：厦门大学出版社 2003 年版。

22. 刘宏：《华侨华人与中国的公共外交》，《公共外交通讯》2010 年 3 月创刊号。

23. 刘宏：《跨界亚洲的理念与实践：中国模式、华人网络、国际关系》，南京：南京大学出版社 2013 年版。

24. 刘宏：《海外华人与崛起的中国：历史性、国家与国际关系》，《开放时代》2010 年 8 月号。

25. 刘宏：《跨国华人社会场域的动力与变迁：新加坡的个案分析》，《东南亚研究》2013 年第 4 期。

26. 刘宏：《中国对印度尼西亚的公共外交》，《公共外交季刊》2011 年冬季号。

27. 刘宏、候佳奇：《当代英国华人社会与政治参与：以 2010 年大选为中心》，载王晓萍、刘宏主编：《欧洲华侨华人与当地社会关系——社会融合·经济发展·政治参与》，广州：中山大学出版社 2011 年版。

28. 刘渭平：《澳洲华侨史》，香港：星岛出版社 1989 年版。

29. 刘文正：《新加坡中国新移民社团的兴起》，载庄国土等编：《近三十年来东亚华人社团的新变化》，厦门：厦门大学出版社 2011 年版。

30. 毛起雄、林晓东编著：《中国侨务政策概述》，北京：中国华侨出版社 1993 年版。

31. 任东来：《从"两大阵营"理论到"和平共处五项原则"——中国对民族主义国家看法和政策的演变》，载《太平洋学报》2000 年第 4 期。

32. 唐小松：《公共外交：信息时代的感觉战略工具》，《东南亚研究》2004 年第 6 期。

33. 李力：《俄罗斯科学文化国际交流中心》，《全球科技经济瞭望》2002 年第 8 期。

34. 李立凡：《中俄关系将接受考验——俄远东地区中国移民问题评述》，《欧亚观察》2001 年第 2 期。

35. 李辉：《中俄关系的现状与发展前景——李辉部长助理在第二届"中俄关系的历史与现实"国际学术讨论会上的讲话》，（参见）见关贵海、栾景河主编：《中俄关系的历史与现实》（第二辑），北京：社会科学文献出版社 2009 年版。

36. 王薇、张晓艺：《"外交小灵通"：新媒体环境下我国的公共外交与政府形象》，《国际展望》2013 年第 1 期。

37. 王晓萍、刘宏主编：《欧洲华侨华人与当地社会关系：社会融合·经济发展·政治参与》，广州：中山大学出版社 2011 年版。

38. 王晓莺：《海外华人华侨专业人才现状分析》，《广州大学学报》（社会科学版）2005 年第 4 期。

39. 王正绪、杨颖：《中国在东南亚民众心目中的形象——基于跨国问卷调查的分析》，《现代国际关系》2009 年第 5 期。

40. 吴东之主编：《中国外交史：中华民国时期》，郑州：河南人民出版社 1990 年版。

41. 吴前进：《国家关系中的华侨华人和华族》，北京：新华出版社 2003 年版。

42. 唐小松：《中国公共外交的发展及其体系构建》，《现代国际关系》2006 年第 2 期。

43. 熊伊眉：《俄罗斯"中国年"初见收获》，《瞭望》2007 年第 27 期。

44. 杨阳：《我国公众外交中的新闻媒介运用探讨》，暨南大学硕士学位论文，2006 年。

45. 叶氢：《从华侨华人结构变迁看中国对外侨务政策变化》，《政法学刊》2012 年第 29 卷第 4 期。

46. 尹鸿伟：《东南亚华人努力扮演新角色》，《南风窗》2004 年第 19 期。

47. 张文波：《新媒体时代公共外交发展研究》，山西大学硕士学位论文，2013 年。

48. 张学惠、江作栋：《华侨华人在中外关系中的作用载体研究》，《八桂侨史》（季刊）1997 年第 2 期。

49. 赵启正：《由民间外交到公共外交》，《外交评论》2009 年第 5 期。

50. 周恩来：《做一个守法的模范的侨民》（1956 年 12 月 18 日），《周恩来统一战线文选》，北京：人民出版社 1984 年版。

51. 周蕾：《公共外交：全球化时代的国家战略工具——公共外交研究综

述》，《前沿》2008 年第 10 期。

52. 朱慧玲：《中日关系正常化以来日本华侨华人社会的变迁》，厦门：厦门大学出版社 2001 年版。

53. 朱泾涛、史亚军：《析中俄关系中的相互认知与信任问题》，《东北亚论坛》2007 年第 16 卷第 3 期。

54. 庄国土：《华侨华人与中国的关系》，广州：广东高等教育出版社 2001 年版。

55. 庄国土：《东南亚华侨华人数量的新估算》，《厦门大学学报》（哲学社会科学版）2009 年第 3 期。

56. A. Hussain, The Indian Diaspora in Britain: Political Interventionism and Diaspora Activism, *Asian Affairs: an American Review*, 2005, Vol. 32, No. 3.

57. B. Gill and Y. Huang, Sources and Limits of Chinese "Soft Power", *Survival*, 2006, Vol. 48, No. 2.

58. Gao Jia, Radio – activated Business and Power: A Case Study of 3CW Melbourne Chinese Radio, In W. Sun, eds, *Media and the Chinese Diaspora: Community, Communications and Commerce*, London: Routledge, 2006.

59. G. Cowan and N. J. Cull, Public Diplomacy in a Changing World, *The ANNALS of the American Academy of Political and Social Science*, Vol. 616, No. 1.

60. I. Ang, G. Hawkins and L. Dabboussy, *The SBS story: The Challenge of Cultural Diversity*, Sydney: UNSW Press, 2008.

61. Jin Hui：《中日国交正常化と華僑運動（特集 ワークショップ 戦後の日中「民間外交」と日中関係）》，《現代中国研究》2009 年第 24 期。

62. J. Jupp, The Institutions of Culture: Multiculturalism, In Tony Bennett and David Carter, eds, *Culture in Australia*, Cambridge: Cambridge University Press, 2001.

63. J. Kurlantzick, *Charm Offensive: How China's Soft Power Is Transforming the World*, New Haven: Yale University Press, 2007.

64. J. Melissen, *The New Public Diplomacy: Soft Power in International Relations*, London: Palgrave, 2005.

65. J. Wathnow, The Concept of Soft Power in China's Strategic Discourse, *Issues & Studies*, 2008, Vol. 44, No. 2.

66. Li Cheng, ed, *Bridging Minds across the Pacific: US – China Educational Exchanges*, 1978 – 2003, Lanham, Maryland: Lexington Books, 2005.

67. Li Mingjiang, China Debates Soft Power, *The Chinese Journal of International Politics*, 2008, Vol. 2, No. 2.

68. Liu Hong, Beyond Co – ethnicity：The Politics of Differentiating and Integrating New Immigrants in Singapore, *Ethnic and Racial Studies*, 2014, Vol. 37, No. 6.

69. Liu Hong, New Migrants and the Revival of Overseas Chinese Nationalism, *Journal of Contemporary China*, 2005, Vol. 14, No. 43.

70. Liu Hong, The Historicity of China's Soft Power：The PRC and the Cultural Politics of Indonesia, in Yangwen Zheng, Liu Hong and M. Szonyi eds, *The Cold War in Asia：The Battle for Hearts and Minds*, Boston：Brill USA, 2010.

71. M. V. Suri, *Democracy, Diplomacy, and Diaspora：Indian Americans and Indo – US Relations*, Cambridge：Harvard University Press, 2005.

72. Nancy Snow and Philip M. Taylor, eds, *Routledge Handbook of Public Diplomacy*, London：Routledge, 2008.

73. Peter H. Koehn and Yin Xiao Huang（尹晓煌）, eds, *The Expanding Roles of Chinese Americans in US-China Relations：Transnational Networks and Trans – Pacific Interactions*, Armonk, N. Y.：M. E. Sharpe, 2002.

74. W. Sun, Introduction：Transnationalism and a Global Diasporic Chinese Mediasphere. In W. Sun, *Media and the Chinese Diaspora：Community, Communications and Commerce*, London：Routledge. 2006.

75. Y. N. Cho and J. H. Jeong, China's Soft Power：Discussions, Resources and Prospects, *Asian Survey*, 2008, Vol. 48, No. 3.

76. Y. Shain and A. Barth, Diasporas and International Relations Theory, *International Organization*, 2003, Vol. 57, No. 3.

后　记

　　本书是在笔者主持的两项研究项目的基础上整理和修订完成的。本书的主体部分是国务院侨务办公室重点研究项目（"海外华侨华人与中国的公共外交：实证分析、全球比较、政策机制"，2011—2013年）。附录部分的基础是广东省人民政府侨务办公室项目（"华侨华人与广东的公共外交"，2011—2012年）。作为该项目的主持人，除了撰写相关篇章外，笔者还负责项目的总体设计、理论框架的制定、实证内容的选择、研究团队的组建以及统筹项目的质量审核。在准备出版本书时，笔者再次通读了项目结题报告书，并尝试将全书的内容和体例与"海外华侨华人与中国的公共外交"这一主题更为有机地融为一体。

　　本书共八章，它们是集体努力的结果。笔者撰写了总论、第一章、第三章、第四章以及附录的内容。参与国务院侨务办公室项目课题组的其他成员包括喻常森副教授（中山大学亚太研究院、国际关系系主任）、曹善玉博士（中山大学华侨华人研究中心讲师）、张学军博士（中山大学亚太研究院世界史专业2010级博士生）、苗超（中山大学华侨华人研究中心研究助理）、孙皖宁教授（悉尼科技大学中国研究中心中国媒体与中国研究教授）、粟明鲜博士（澳大利亚格里菲斯大学中国项目协调人、昆士兰中国人协会秘书长、中山大学华侨华人研究中心客座研究员）。参与广东省人民政府侨务办公室项目课题组的成员包括喻常森副教授、张宇权副教授、曹善玉博士（均任职于中山大学亚太研究院）。他们的具体贡献在本书相关章节中皆有注明，笔者在此对他们的全力参与和协作表示衷心的感谢。

　　以上两个项目能够开展和顺利结题，要感谢国务院侨务办公室和广东省人民政府侨务办公室的指导和支持，尤其是王晓萍司长（时任国务院侨务办公室政策法规司司长，现任国外司司长）和广东省人民政府侨务办公室林琳副主任的信任和鼓励；时任国务院侨务办公室政策法规司理论处的赵健处长对本研究也提供了具体的协助。这两个项目是以中山大学华侨华人研究中心（国务院侨务办公室侨务理论研究基地，与广东省人民政府侨务办公室和暨南大学华侨华人研究院共建）为机构基础进行的。笔者在此感谢中山大学常务副书记兼副校长陈春声教授、亚太研究院滨下武志院长、刘志伟常务副院长、任虹副院长、吴利静等老师的大力支持和热心帮助。笔者对公共外交问题的兴趣和初步研究始于参与国际关系民间智库察哈尔学会的研究活动。作为高级研究员，在学会主席、全国政协外事委员会副主任韩方明博士的鼓励下，笔者参与了一些相关的学术和政策研讨活动，受益匪浅，并进而逐步深入思考海外华侨华人与公共外交的关系。

本书的后期整理和修订工作得到了南洋理工大学科研项目的资助（"多元共存与亚洲的可持续发展"，项目号：M4081020）。张慧梅博士和马思睿博士参与了后期修订工作。本书能够列入暨南大学的"世界华侨华人研究文库"，笔者要感谢暨南大学国际关系学院/华侨华人研究院曹云华院长和其他同人对本课题的厚爱。

本书的主体内容完稿于 2013 年，虽然在定稿前笔者作了一些更新和补充，但或许还是无法全面而准确地展现近年来海外华人社会及其在公共外交领域的作用的最新进展。另外，本书的多位课题组成员身处不同国家或地区，由于时间关系，他们无法参与本书的定稿和统筹工作，因此在观点和分析上难免有不一致之处。

最后，必须说明的是，本书的观点、分析和资料选取仅代表本书各章作者的立场，与本书的项目资助机构和作者各自的就职机构无任何关联。

刘　宏

定稿于澳大利亚布里斯班

2015 年 3 月 19 日